すくすくそらまめ 2

眉屋まゆこ
Mayuko Mayuya

マイペース幼児と
アメリカ滞在記
ドキドキ
Suku Suku Soramame 2

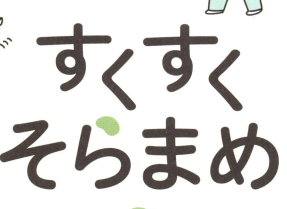

まえがき

お久しぶりです
眉屋まゆこです
この度 家族3人で少しの間
アメリカに住むことになりました
ここでヒロ坊の
アメリカライフをちょっとご紹介
City boy
まずは朝食を食べて
セサミストリートを見ます
ぃヨコ!
(ひよこ)
アーカイロ!
(赤色)
天気のいい日の
午前中は外遊び
もく もく
昼食
アジア系食材も手に入るので
日本とあまり変わらない食卓です
嫌いなものを渡してくる
マン
(ピーマン)
ヨウヨウ
(どうぞ)

そして昼寝
おやつタイム
おやつは無言
夕方は散歩がてらスーパーで買い物
ラック!(トラック)
夕食を作っている間アンパンマンのDVDを見て
マンマンマン!!!
カレーマンマン!!
夕食を食べてお風呂に入って寝る
モーシ(とうもろこし)
ヨウヨウ(どうぞ)
つまりは日本とあまり変わらない生活ですが
おあよ!(おはよう)
パンたぶ!(パン食べる)
ドドドドド
前作よりアクティブでおしゃべりなヒロ坊観察日記
どうぞお付き合いお願いします!

目次

Contents

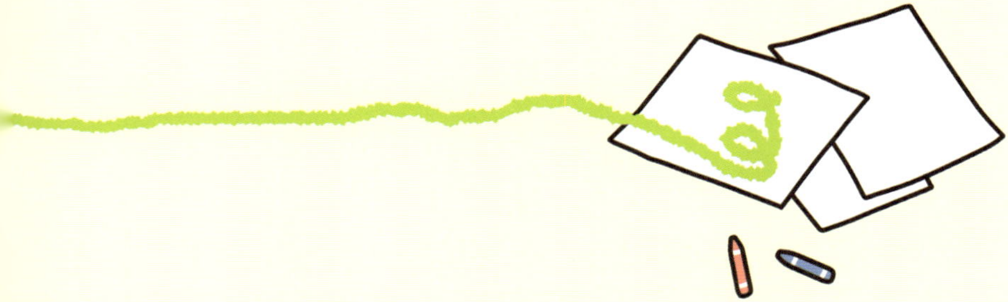

すくすくそらまめ
登場人物紹介

ヒロ坊
のりまき大好き
マイペース幼児。
地声が大きい。

二足歩行と
おしゃべり機能搭載！

父
ヒロ坊語の
リスニング力がすごい。

大きくなって…
坊

母（眉屋まゆこ）
寝かしつけで
99%寝落ちするのが悩み。

第1章 in JAPAN 1歳4ヶ月〜1歳8ヶ月

寝かしつけ

生まれてこのかた
寝つきの悪さに定評のあるヒロ坊
えらいこっちゃ えらいこっちゃ
よいよいよいよい
ひとしきり泣いて
体力ゲージをゼロにしないと
寝られなかったのですが
1歳過ぎて
泣かずに寝られる日が出てきました
平和
これは…
もしかして
もしかして
そろそろ布団の上で
寝かしつけが
できるのでは――?
ねかしつけ
だっこ
▶ふとん
GAME OVER
ふとんで　ねるなんて　とんでもない！
今まで何度も
挑戦しては撃沈していた
布団での寝かしつけ
果たして成功なるか…!?
トントンしても
払いのけられるから
真っ暗にして
寝たふり作戦でいこう

ガサゴソ
ガサゴソ
縦横無尽にハイハイしてるけど寝るんかなこれ
フッフウー!!!
ププププ
ノリノリやん
でいでいでいでい…
じっ
無駄に近い
鼻息が熱い…
フシュー

ペチペチペチ
ペチペチペチ
ペチペチペチ
ペチペチペチ
どっこいしょ
1時間後
信じられん…! 寝た!
なんというポーズ…
泣かずに! 抱っこせずに! 寝た! すごい!
ゴロゴロしてるだけで寝てくれるなんて!
ねかしつけ天国
ワーイ
ワーイ
幸せ!! こんなに楽していいんかな!?
そして数ヶ月後
この寝相多いな…
ごめん寝

暇
我ながら贅沢な悩みです
号泣ジタバタ大暴れを長時間抱っこしてた頃に比べれば天国なんやけどな…
慣れとは恐ろしいもんだ…
そして楽なほうにはすぐ慣れるもんだ…
最新技術でこっそりテレビ見たり本読んだりできるようにならないかな
VR!!
ペチペチ
まぁ絶対にこうなるけれど
イタタタ
ゲシゲシ
しかし寝かしつけが平和になったその裏で…
最強の夜泣きが復活しようとしていた…
ゴゴゴゴ
ゴゴゴゴ
夜泣き大魔王
そらまめ1巻では時間が解決して収まったように見えた夜泣きですが…
チュドーン!!
やった!夜泣き大魔王を攻略したぞ!
起きてもトントンで寝るから楽勝!

いや…まだだ！
ユラリ…
まさか
半年後にまさかの復活
ゴゴゴゴ
ゴゴゴ
第二形態!?
真のラスボス
ピギャー!!!
強い！声量も体力も桁違いだ！
電気をつけてもおかまいなし!?
ねんねミュージック
今までの戦術が全く通じない！
どれだけ抱っこしても泣き止まない。
つらい。
固く閉じられた目
自分の泣き声で何も聞こえない耳
こういうときは一度完全に起こしたほうがいいと分かっていても
全ての干渉をシャットアウトしているので完全無敵モード
しかしそんな無敵モードにも攻略法はあった…！
泣
泣
泣

大泣きしていても息継ぎの瞬間は無音…
ギャアアアーン
スゥー
ギャアアアーン
スゥ〜
その無音の隙間を狙いEテレをお見舞いする！
ギャアアーン
スゥー
携帯TV
出番だむしむしくん!!
ギャアアーン
泣
ら、
ギャアアーン
らん
スゥー
ギャアアアーン
のどが渇いちゃ
ギャアアーン
スゥー
ジュース飲んじゃお
ゴクゴク あー おいしかった
ギャ…
スゥー
この声は…
君もジュース飲む？
むしむしくんの声…
やっぱり僕が飲んじゃお！
ゴクゴク あー おいしかった
スャ…
じゃーねー
ZZZ
寝た…
寝たね…

ありがとうEテレ
ありがとうむしむしくん
最恐夜泣きのとき
親の声は届かなくても
あなたたちの声は届きました
むしむしさんと
呼ばせて下さい
2歳になり あれほど手強かった
夜泣きがぴたりとなくなりました
今日も
よく寝てる…
明け方冷えそうだから
スリーパー着せよかな
どんどん眠りが深くなり…
ムニャ…
起きるかな…
起きるわな
ごろん
ぐぅ
長かった…
ぐぅ
長きにわたった夜泣き大魔王との
戦いに決着がついたのでした

ダンス①

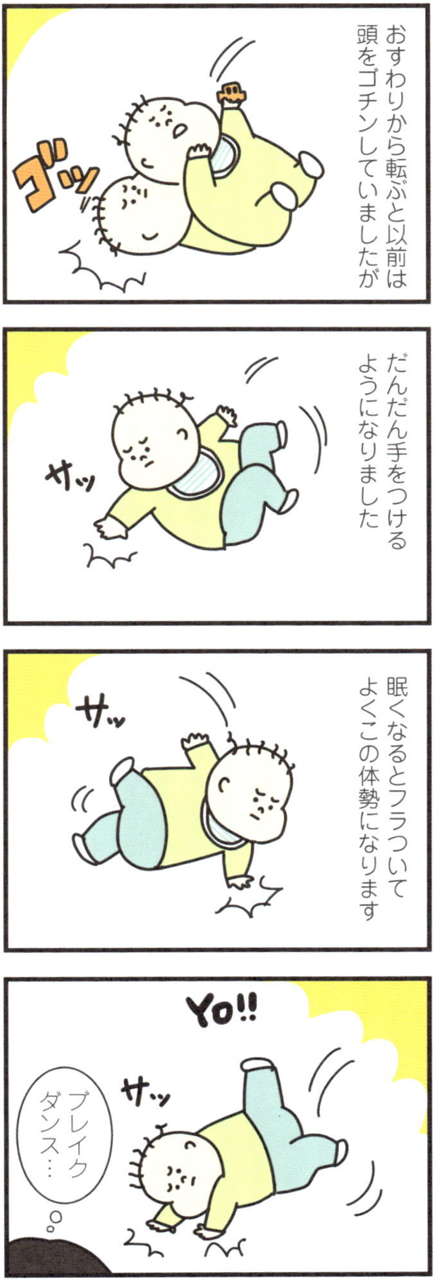

おすわりから転ぶと以前は頭をゴチンしていましたが
ゴッ
だんだん手をつけるようになりました
サッ
眠くなるとフラついてよくこの体勢になります
サッ
YO!!
サッ
ブレイクダンス…

華麗なフロア技

ダンス②

プルップルだったあんよの練習も
すっかり上手になりました
いいね いいね
自分の行きたい方向にぐいぐい引っ張られます
こっち行くで
次こっちやで
社交ダンス…

リードはばっちりです

給水ポイント

ギャーン
ギャーン
ギャー
今日の夜泣きは手強い…
ちょっと泣き疲れてきた…?
ヴェッ
ヴァアーン
ヴェッ
お茶飲んで落ち着いて
助かった!!
ちゅーー
ちょうどのどが渇いてたんや
体力回復して第二ラウンド突入――!!
ギャーン!!!
よっしゃまだがんばれる!!

まさかのパワーチャージ

卒乳しました

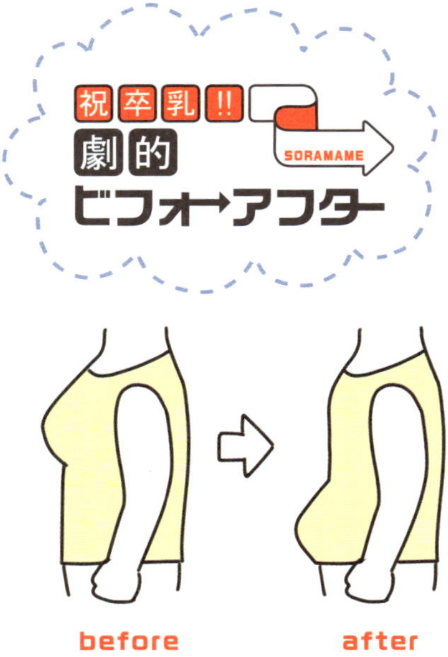
祝卒乳!!
劇的
ビフォ→アフター
SORAMAME
before
after

なんということでしょう

手押し車

手押し車を押して
歩けるようになりました
真剣
ガラガラガラ
スタスタスタスタ
体重を預けすぎて
妙に速いです
ガラガラ
スタスタスタスタ
壁にガンガン当たりながら
廊下の隅を進んでいます
ガッ
ゴッ
ガッ
バイオハザード
初心者っぽい走り…

慣れるまでは壁走り

自分で乗ると
なかなか前に進めないヒロ坊

頑張るほどバックしてしまい
お怒りのヒロ坊

寝落ち

朝までエンドレス

コマに入らないので並べて描きましたが実際は遥か遠くです

近くにいるときは常に直角に刺さっています

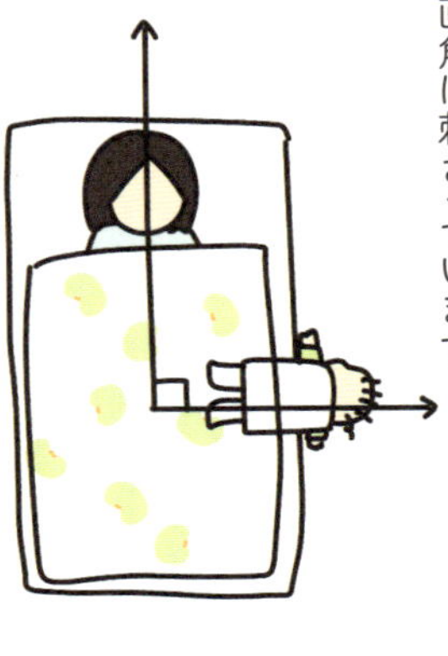

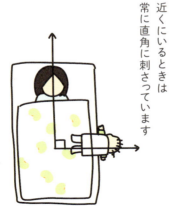

いいお返事

お返事ができるようになりました
おやつ食べる人おいでー!!
ハイッ
来た来た
すごいやん
ちゃんと分かってるんかな?
かわえぇ…
おやつ食べない人!!
ハイッ
適当に返事してる人!!
ハイッ
なんというイエスマン

イヤイヤ期直前はイエスマン期

お返事すれば大人が喜ぶと思っている人ー!!
ハーイ
しつこい大人につきあってくれます

バイバイもできるようになりました
必ず相手が視界から消えた後バイバイする
↓
パタン

スクワット

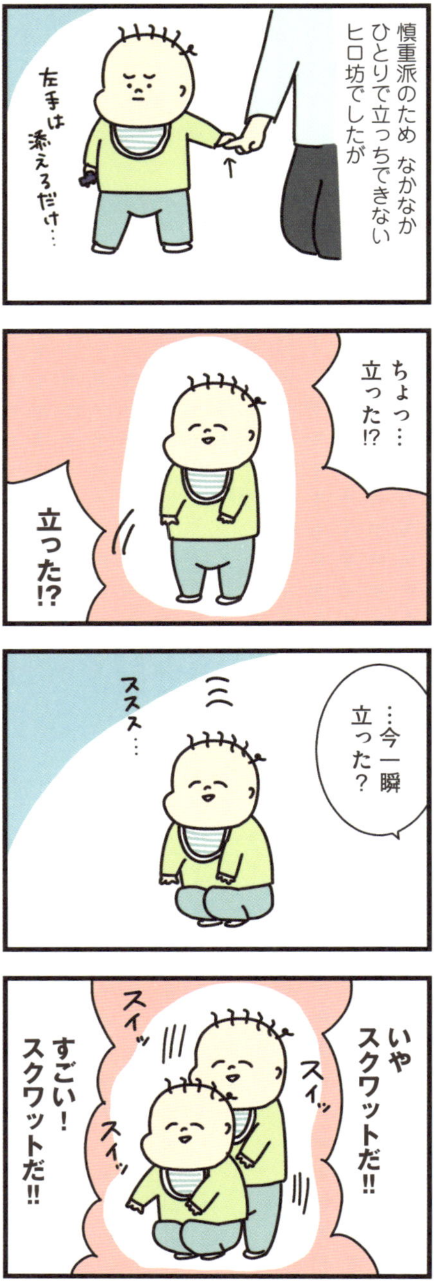

慎重派のため なかなか
ひとりで立っちできない
ヒロ坊でしたが
左手は添えるだけ…
ちょっ…立った!?
立った!?
…今一瞬立った？
ススス…
いやスクワットだ!!
スイッ
スイッ
スイッ
すごい！スクワットだ!!

余裕やん

そして立っちした当日に歩き出しました！

歩くまで

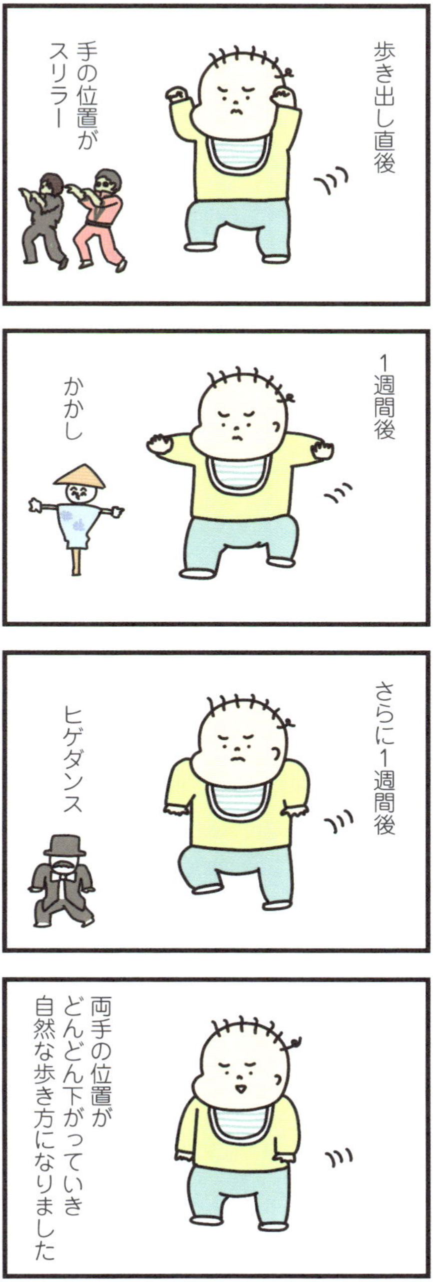
歩き出し直後
手の位置がスリラー
1週間後
かかし
さらに1週間後
ヒゲダンス
両手の位置がどんどん下がっていき自然な歩き方になりました

カーブのときはまだ手が上がります

歌舞伎の六方《ろっぽう》みたいなステップ踏んで跳んでくるときもあります
よっ
そらまめ屋!!

スプーンチャレンジ

垂直に突き刺し
グリップを利かせて横回転
のせて渡すと
縦回転

食卓のひねり王子

クレーンゲームみたいに細かい操作が難しい様子
距離感がつかめん…
くち

そもそもそのタクトみたいな持ち方やりにくくない？
これがええんや

目覚まし

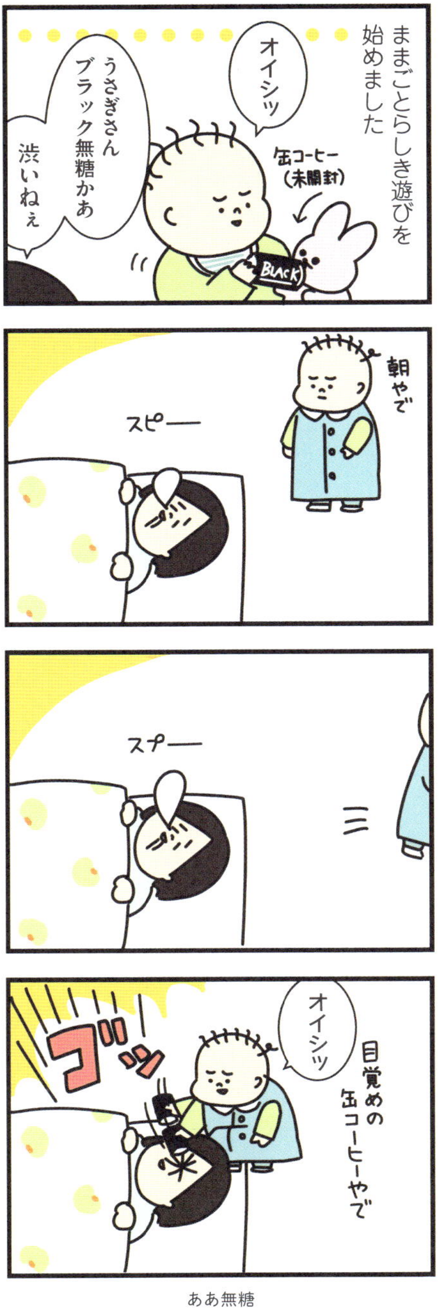

ああ無糖

積み木では遊ばないのに缶コーヒーは並べたり積んだりよく遊びます

あてがわれたおもちゃ以外のもので遊びたい時期のようです

おかきの出し入れで長いこと遊ぶ

組体操

こっちに行くよー
だめだ組体操みたいになってる
ピン!
仕方ないそっちに行こう
わーヒロ坊後ろ歩きが上手!
すごーい!その調子!
ターンも上手!
かっこいい!
チョロい…

チョロ坊

抱っこしているときも
行きたい方向を指さします

こっち行くよー

ぐぐぐぐ
あぶないあぶない
箱乗りみたいになってる

NGワード

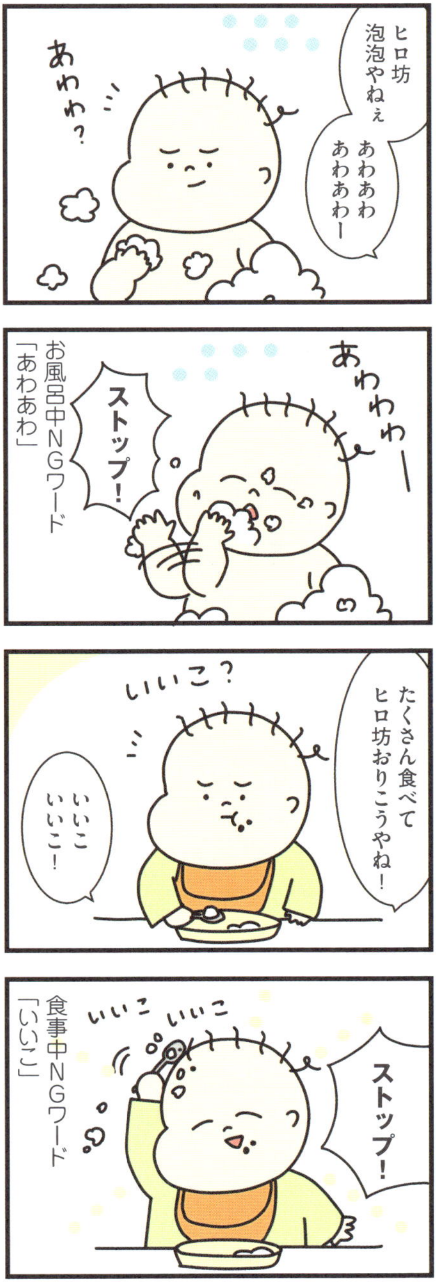

ヒロ坊 泡泡やねぇ
あわあわ あわあわー
あわわ？
ストップ！
あわわわわー
お風呂中NGワード「あわあわ」
たくさん食べて ヒロ坊おりこうやね！
いいこ いいこ！
いいこ？
いいこ いいこ
ストップ！
食事中NGワード「いいこ」

パブロフの1歳

グルメ番組
オイシ！

初めてしゃべった言葉は「オイシ」

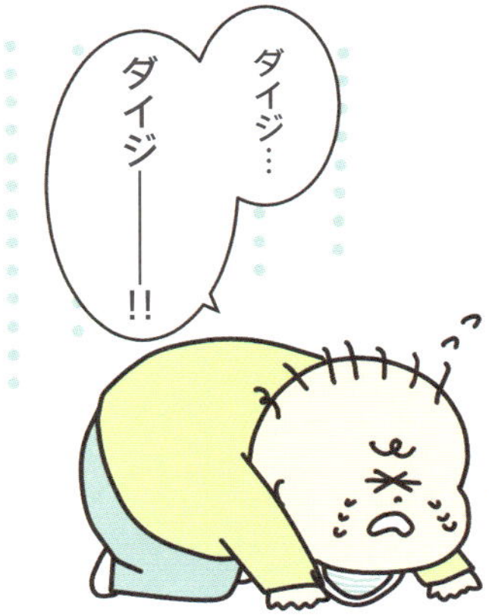

ダイジ…
ダイジーーー!!

次の言葉は「ダイジ」でした

通称「ヒロ坊のダイジ泣き」

「大事だから触ったらだめだよ」
と注意すると発動

よいよいよい

よちよち歩きも
ゆっくり上達しています
よい
よい
よい
フラッ
ッダン!!
かなり傾いてもリカバリ
できるようになりました
よいよい
よい

リカバリの瞬間だけ真顔

～昨年の思い出～
GET!
助けを求める目
おすわりから傾くと
自力でリカバリできない坊でした

ゴチン

ゴッ
あっ
一・目撃者の有無を確認
チラッ
二・泣こうか泣くまいか少し迷う
三・ここはひとつ泣いておこうか
ビエーン

観客を意識しての泣き

2コマ目で視線をそらすと
何も見てません
泣かずに遊び出すことが多いです
さほど痛くなかったんやな…

よだれ

1歳前によだれが減り
よだれかけを卒業しました
大人Style!!
ビリッ
成長したねぇ
動きもどんどんアクティブになって…
股のぞき!
が、数ヶ月後よだれ急増
よだれの量はどういう仕組み?雨季と乾季があるの?
よだれかけで蓋されちゃったねぇ
股のぞき!

ところでオムツ用マチつきズボンのかわいさよ

新しい奥歯!

歯が生えるタイミングで雨季が訪れることが分かりました

興奮すると乾季でも大洪水です

アンパンマン視聴中ずっと何やらしゃべっている
ア!!
バッ!!
ブーッ!!
ヅッ!!

足

全体像が見えていないのか

ホットケーキ

味見

読み聞かせ中すぐに
強制終了されがちですが

図鑑などを長々と
眺める時間も出てきました

焼きそば

高速コテさばき

大変だったのは
「一発ですくえないと
スプーンを投げ捨てる期」と

「コップでフィンガーボウル期」です

グイグイ

距離感のつかめない1歳児たち

1歳後半で「あいさつ」の概念を覚えたら
グイグイ行かなくなりました

ヒロ坊のあいさつは
膝を軽く曲げるスタイル

はたから見るとただの屈伸する人です

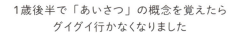

事故

小走りできるようになり
家庭内の事故が増加気味です
ヘイヘイヘイヘイ
前方不注意
ゴッ
ドスドスドス
前見て前！
絵本でスリップ
ツルーン
カーブで膨らみすぎなど
ドスドスドス
ゴッ

頑張れ歩行初心者

番外編

トストストストス
トコトコ
ピタッ
よいしょ

もらい事故

マイク

いっちょまえのバブバブ

今までは「でいでい」「たいたい」でしたが
近頃やたら「バブバブ」言う坊

「チャーン」は出ませんでした

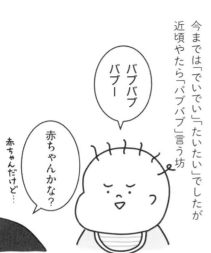

かあか

呼び方はママじゃなくて「お母さん」にしようかな
「お母さん」は言いにくいから気長に待とう
と思っていましたが
でいでいたいたい
実家帰省中
じーじ！じーじ！
じいじに先を越された！
ばーば！ばーば！
ばあばに先を越された！
ママでもなんでもいいから言ってみて！
SAY!
軸がブレブレやな
なりふりかまわず呼んでほしい

「とおと」「かあか」にしたらすぐ言えるようになりました

感涙
かあか！

しかし「ちょうちょ」も「とおと」に聞こえるので紛らわしい

とおと！
呼んだ？

鉄板ネタ

ヒロ坊
クッションに
乗るの？
おー！
不安定なのに
すごいねぇ！
パチ
パチ
翌日
おー
すごいねぇ
パチ
パチ
5日目
毎日ドヤ顔で
褒め待ちしてくる…

そろそろ新ネタ欲しいところ

上手に
できたねえ
パチパチ
どや

かあか
あっハイ！
拍手さぼって
すんません！
パチパチ

拍手をしていない観客は
名指しで指摘されます

体重測定

そろそろ一人で体重計乗れるかな
ピーーン!!
プルプル
プルプル
体操選手かな?
プルプル
プルプル

10.0!

他に着地しないのはバスマットと
トランポリンと
砂浜です
プルプルプルプルプルプル

手洗い

手洗いは毎回大苦戦です
おてて振り回さないよ
あー服がビチャビチャ…
今日は上手にゴシゴシできるかな？
と言った矢先に！
ズイッ
なぜ頭を突っ込む!?
あ
ごめんごめん踏み台が下がってたわ
めっちゃキツい

突然のボディプロップ

冬の手洗い
ちょっ
ちょっと熱かったかな？
フーッ
フーッ

お風呂

顔が濡れると力が出ない

お風呂プラゴミの楽しさに気づき始めました

給湯器好きも相変わらず

Bang

10数えたら
お風呂出るよー
いーち
にー…
イーチ
ニー
お
自主練してる
イーチ
GOOD!
かっこいいね！
ニー
BANG!
さらに
かっこいいね！

フランス方式

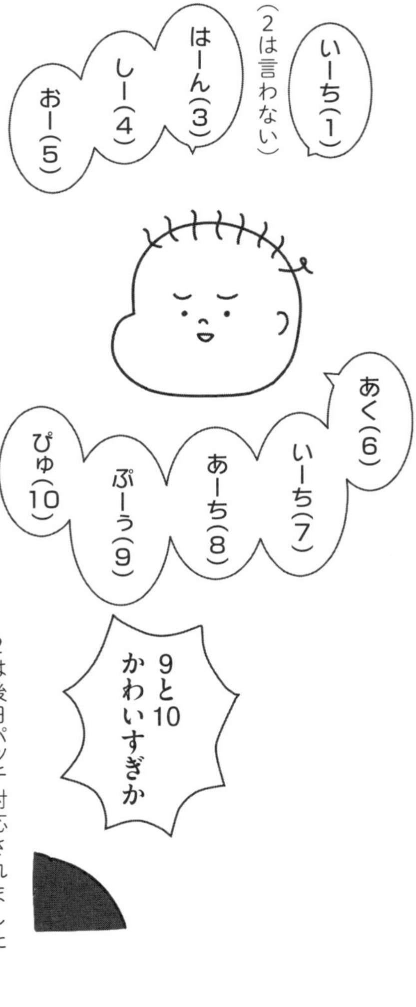
いーち(1)
(2は言わない)
はーん(3)
しー(4)
おー(5)
あく(6)
いーち(7)
あーち(8)
ぷーぅ(9)
ぴゅ(10)
9と10
かわいすぎか
2は後日パッチ対応されました

重心

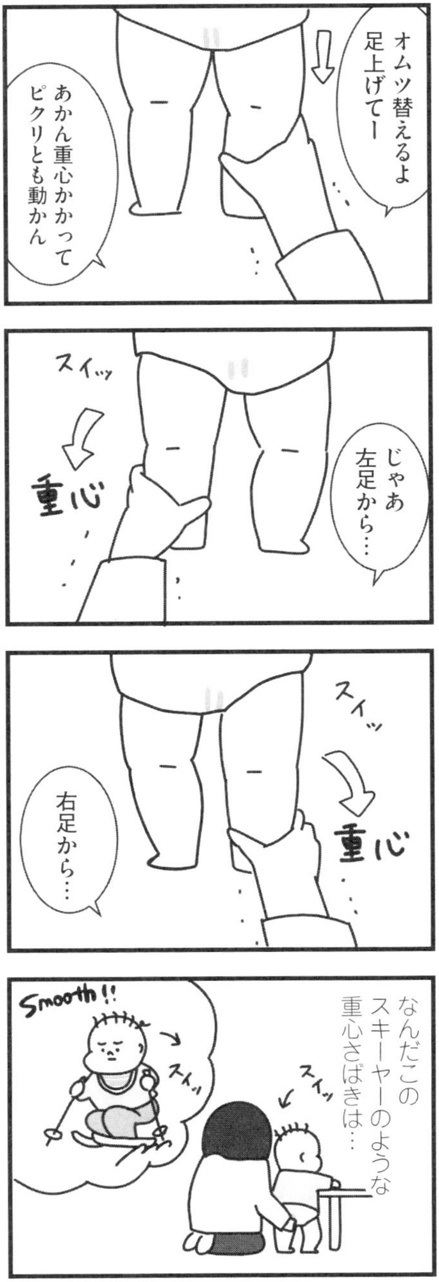

相変わらずオムツ替えには全面非協力の姿勢

アメリカのオムツはテープタイプばかりで
慣れるまで苦戦しましたが

外出時に靴を脱がさずに
替えられるのは便利です

髪型

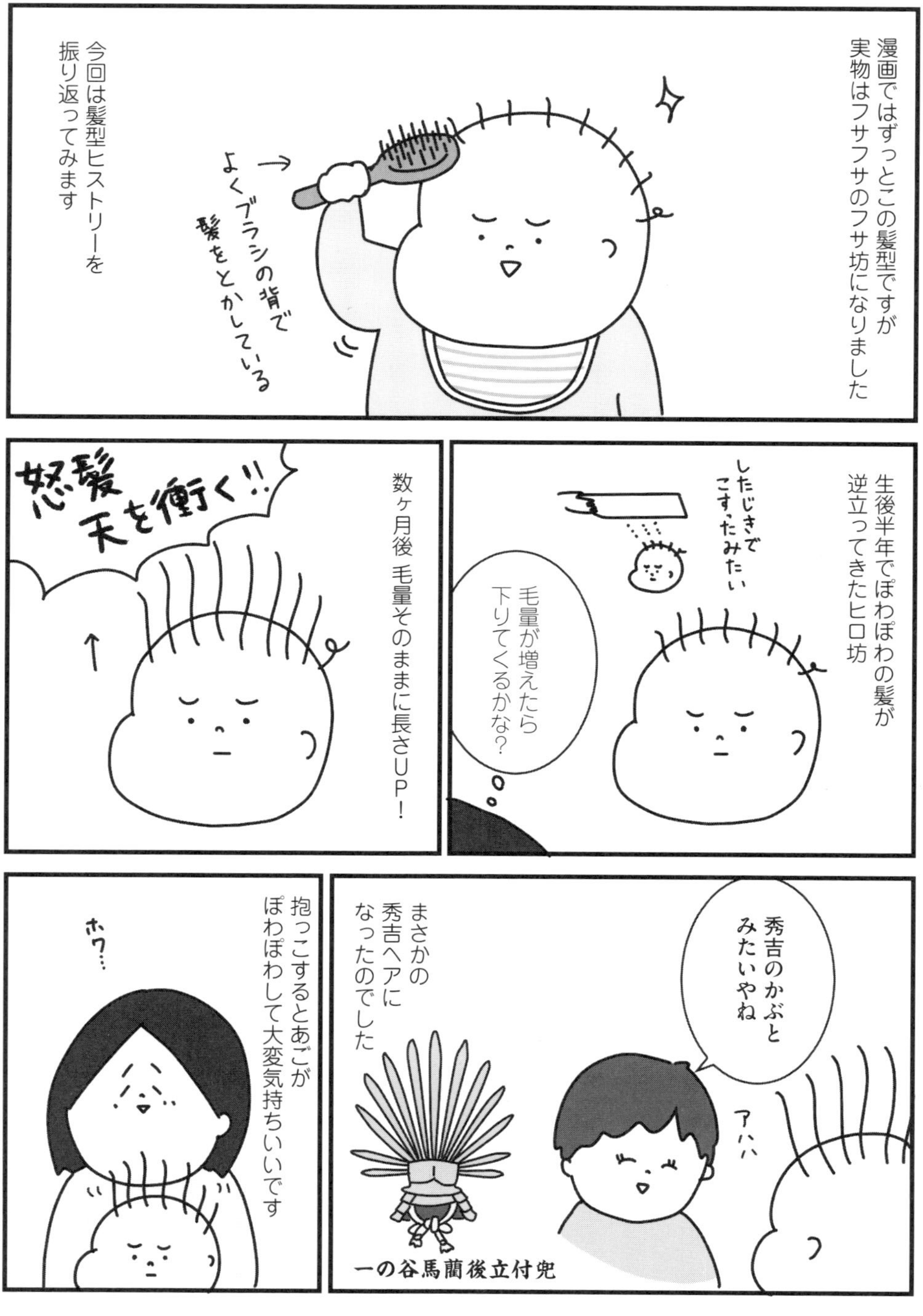
漫画ではずっとこの髪型ですが
実物はフサフサのフサ坊になりました
よくブラシの背で髪をとかしている
今回は髪型ヒストリーを振り返ってみます
生後半年でぽわぽわの髪が逆立ってきたヒロ坊
したじきでこすったみたい
毛量が増えたら下りてくるかな?
数ヶ月後 毛量そのままに長さUP!
怒髪天を衝く!!
まさかの秀吉ヘアになったのでした
秀吉のかぶとみたいやね
アハハ
一の谷馬藺後立付兜
抱っこするとあごがぽわぽわして大変気持ちいいです
ホワ…

ちなみに怒髪天タイプは
毛量が多いと石川五右衛門に
なるそうです
赤ちゃんのうちは髪型が
いろいろ個性的でかわいいですよね
モヒカン
前リーゼント
えりあし尾崎
キューピー
落ち武者
ツルツル
電撃ネットワーク
ヒロ坊の太閤ヘアはその後
重力に耐えかねて下がりはじめ…
こんな髪型になりました
父さん妖気です!!
妖怪アンテナ
最後に残った数筋も
だんだんしおれていき…
頭に
クエスチョンマーク
つけてるみたい
プププ
普通の髪型に
落ち着いたのでした
チャンチャン

渡航準備

突然渡米が決まり 慌てて引っ越し準備を開始
荷物が届くのに航空便は2週間 船便は2〜3ヶ月かぁ
せっせ
すぐ使うのは航空便 その他は船便
せっせ
持って行かないものは倉庫に預けて…
チェックリスト
今は先人の知恵がネットで見られるのでありがたいです
子連れアメリカ渡航準備リスト！
子連れ渡米リスト
子ども用歯ブラシ 使い慣れたベビーソープ
絵本や ひらがなポスター ことばカード… なるほどなぁ
あいうえお
えほん
どうぶつカード
アメリカの歯ブラシはやたら大きい
Baby Soap
やっぱり言葉は心配やなぁ
幼稚園に入るまで話し相手は私だけになるから…気をつけないと
バブー
日米どちらでも通じにくい言葉をマスターする気がする
なまりー
ほんなことあらへん
ホンナコトアラヘン
絵本をたくさん持っていこう

あと
ヒロ坊の服
なんやけどさ
よくわからん
英字プリントのやつは
現地で着せるの迷うよね
普段気にしていなかったけれど
よく見ると謎の英字が多いです
外国人が着る
変な漢字Tシャツ
みたいな
冷奴
COOL GUY
STRONG
ストロング…
怒濤の荷造りを終え
夫は家探しのため先に現地入り
私とヒロ坊はその間
実家のお世話になり
あれも
これも
いざ
アメリカー!!
国際線

大人のスリッパ
大好き

第2章 in USA 1歳9ヶ月〜2歳

飛行機

新発売!
消音マイク
ご自宅でカラオケ!!
大声OK!!
こ…これは…!?
チラシ
飛行機移動のときに使いたい…!
泣き声 消音!
ピギャー
ササッ
…というわけにはいかないから
できる限り準備するしかないな
おやつに シールブック ぬりえ 動画にアプリも…
海外生活スタート地点にして最大の難関が待ち受けていた…
1歳児と10時間フライト
以前 航空会社が「赤ちゃんが泣かないフライト」の実験をするニュースを聞いたのですが
防音
泣かないフライトより泣いてもいい防音席がほしいです

機内の不安はもちろんのこと
乗り継ぎその他 空港内での不安が
山積みの子連れ飛行機
手続きの妨害
指紋はオレがやる!!
指紋やりたかったー!!
グズり対応
大荷物での移動

しかしそんなとき
の心強い味方が
国際線の
エアポートサポート!
お荷物
お持ちしましょう
ベビーカーは
使われますか?
救世主
あらわる!!

説明しよう!
エアポートサポートとは
大人一人で幼児を同伴する場合や
子どもだけ・高齢者だけの場合などに
空港でのサポートを受けられるという
とても素敵なサービスである!
※要予約
※対応していない
航空会社もあります

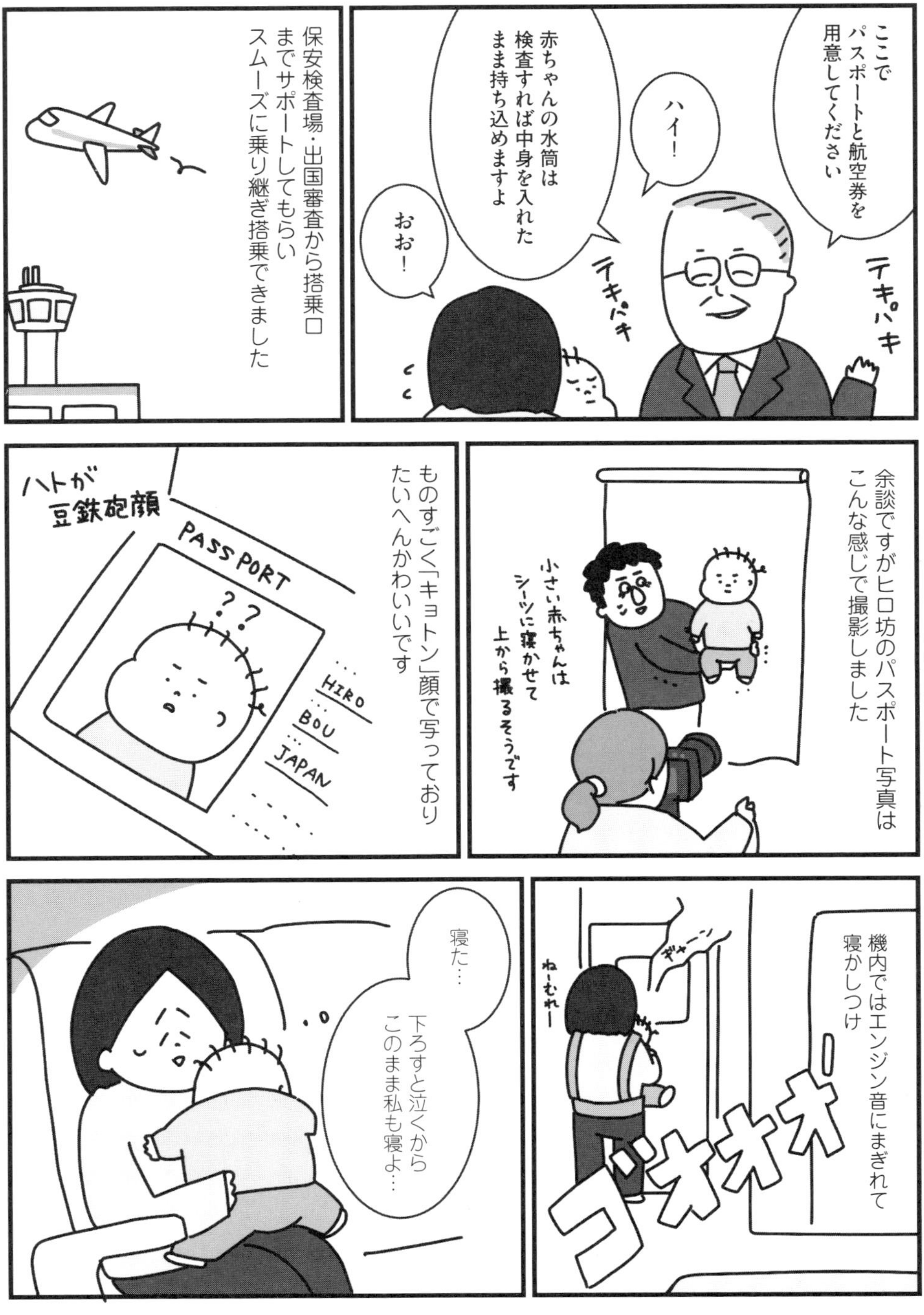
ここでパスポートと航空券を用意してください
ハイ!
赤ちゃんの水筒は検査すれば中身を入れたまま持ち込めますよ
おお!
テキパキ
テキパキ
保安検査場・出国審査から搭乗口までサポートしてもらいスムーズに乗り継ぎ搭乗できました
余談ですがヒロ坊のパスポート写真はこんな感じで撮影しました
小さい赤ちゃんはシーツに寝かせて上から撮るそうです
ものすごく「キョトン」顔で写っておりたいへんかわいいです
ハトが豆鉄砲顔
PASSPORT
??
HIRO
BOU
JAPAN
機内ではエンジン音にまぎれて寝かしつけ
ねーむれー
ギャーン
ゴオオオ
寝た…
下ろすと泣くからこのまま私も寝よ…

5時間後
足つっらい…
エコノミークラス症候群一直線では…
江戸時代の拷問か…
石抱きの刑
動かすと泣く10キロを乗せたフライトはなかなかの苦行でした
夜泣き対応も交えつつなんとか現地に到着
燃え尽きたよ…真っ白にな…
元気
ここで再登場！エアポートサポート！
救世主
あらわる!!
STAFF
入国の各種手続きから到着ロビーまで付き添いしてもらい本当に助かりました
有料でいいから国内線にも導入してほしいな…
STAFF
おつかれ
無事合流！
とーとぉ！

アパートに移動し
バタバタしていたら…
これ どこ置く？
あれ？
ヒロ坊!?
行き倒れ
寝てる？
体調悪いんかな？
これは…
多分うわさの「電池切れ」現象!!
はじめて見た!!
【幼児の電池切れ】
さっきまで遊んでいたのに
急に体力が尽きて寝るさま
昔でいう「ゼンマイ切れ」
ちなみに
「#我が子の電池切れ画像」タグで
ツイッターを検索すると面白かわいい
です
Z Z
Z Z
Z
寝つきの悪いヒロ坊が
生まれて初めての電池切れ
本当に
お疲れさまでした

アメリカこぼれ話
～おさんぽ・公園編～

お散歩するならトレイル（自然歩道）。
街中に自然たっぷりのトレイルがたくさん整備されていて、
ジョギング・サイクリング・犬の散歩などでいつも賑わっています。
ジョギング用ベビーカーで走っている人も…。

ベビーカーといえば
よく見かけるのが
大型の多人数乗りタイプ。
歩道も店の中も広い
アメリカならではです。

公園は遊具の下がウッドチップや柔らかい
クッションフロアになっており安心です。
そして息をするようにバーベキューグリルが
設置されているのがアメリカという感じ…。

ちなみに夏はちびっこたちもサングラス。
医療的観点から推奨されているので、
日本のちびっこたちが冬にマスクをしているのと
似た感覚なのかなと思っています。

よしよし

ごはん たくさん
こぼれたねぇ
よしよし
え…ヒロ坊が初めて
よしよししてくれた…!?
これって…
これって…
ベチャー
先に手を拭く
べきだった…!?

泣ける

ポロポロ

慌てて食べるので
口に入れる前に半分は落ちる

オーヂー
（落ちたー）
ポロポロポロポロ

オーチーと泣く口から
せっかく入った半分も落ちる

ジャンプ

ただいま (夫)
おかえりー
見て見て ジャンプ 練習中やよ
ジャンプは下の部屋に響くからあかんて
やるで やるで
夜やし…
大丈夫 ヒロ坊のは
盛大な屈伸だから
ツプ!!
ピーーン!!
プ!!
プ!!
1ミリも浮かんね
1ミリも浮かんのよ

地に足のついた男・ヒロ坊

その後 屈伸から片足キックに変化
ジャン…プ!!
ピーン
なんか遠ざかってない?
多分彼の中ではこんな横っ跳びのイメージなのかもしれない
ピョーーン

生バス

アメリカで
実際に見る車
POLICE
救急車
パトカー
日本の
絵本で見る車
のりもの
ヒロ坊は
こんらんしている！

ブロロロロロ
あシュー！（バス）
バスだねぇ
あシュー！
やっぱ生で見るとテンション上がるみたいやなぁ
迫力の生ステージ!!
キャー!!
停車して♡
バス
あシュー！
あシュ!! あシュー!!
あ もう一台バス来たね
あーシュー!!
あーシュー!!
騒がしす
あーシュー!!
聞いてる？

あシュ愛がすごい

ポンポン

ヒロ坊
頭どこー?
ポンポン
肩はどこ?
ポンポン
お腹はどこ?
ポンポン
首はどこ?
ポンポン
分かんないとき
とりあえず股を
ポンポンするの
なんでかな
そしてこの笑顔

喃語《なんご》時代から
濁点の多かったヒロ坊は

だっだい
でいでい
ばぶばぶ

「まんま」にも
濁点がつきます

ばんば!!
ばんばー!!

寝入りの癖

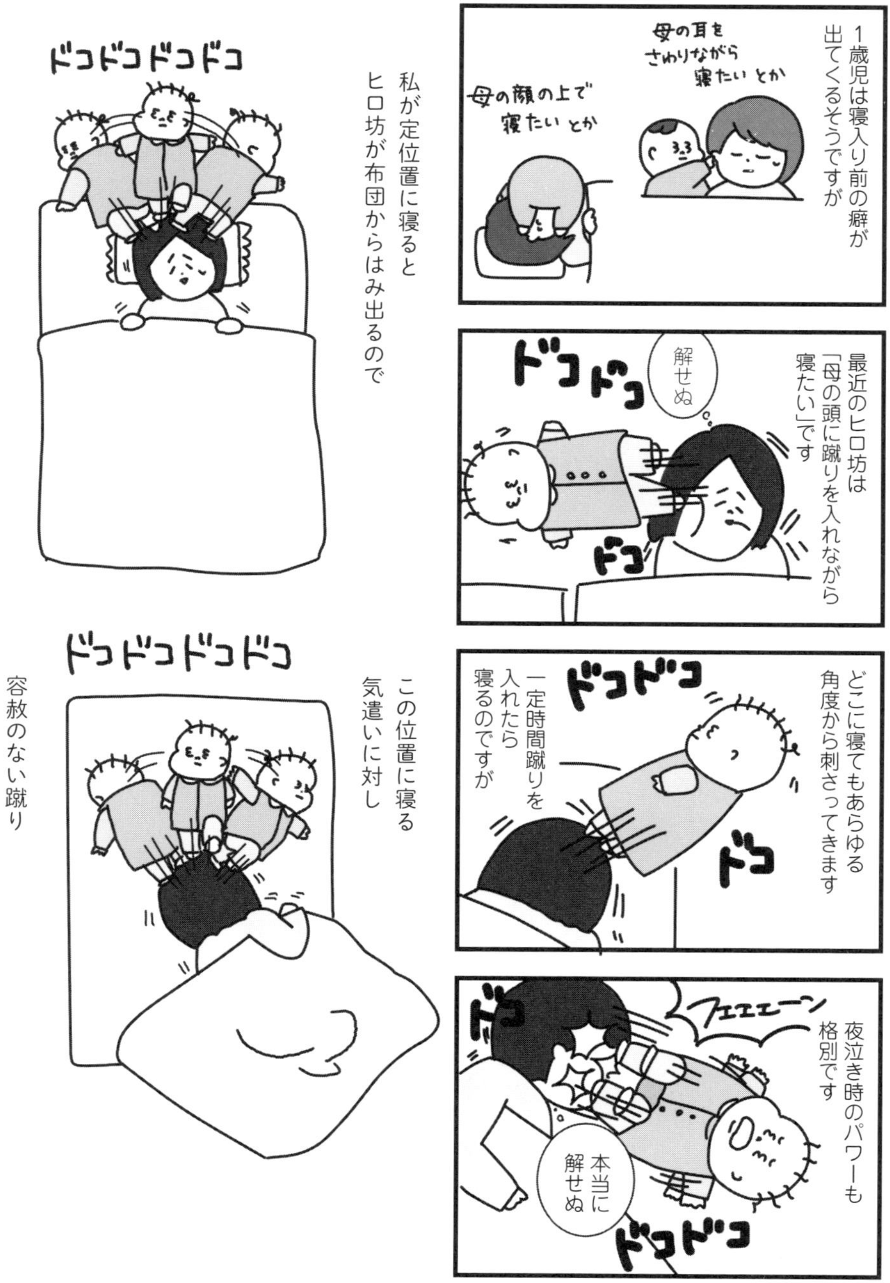
1歳児は寝入り前の癖が出てくるそうですが
母の耳をさわりながら寝たい とか
母の顔の上で寝たい とか
最近のヒロ坊は「母の頭に蹴りを入れながら寝たい」です
解せぬ
ドコドコ
ドコ
どこに寝てもあらゆる角度から刺さってきます
一定時間蹴りを入れたら寝るのですが
ドコドコ
ドコ
夜泣き時のパワーも格別です
フエエエーン
ドコ
本当に解せぬ
ドコドコ
私が定位置に寝るとヒロ坊が布団からはみ出るので
ドコドコドコドコ
この位置に寝る気遣いに対し
容赦のない蹴り
ドコドコドコドコ

母のライフはもうゼロよ!

ポーズ

1歳過ぎて動きが素早くなり
0才
1才
残像だ!!
写真がブレブレに…
まだまだポーズができないので
1才
カメラを触りにくる
2才
近い!!
最近の掛け声はこれです
ヒロ坊! ほっぺどこー?
ほっぺはここやで
パシャ
パシャ
正解!
カワイイ!!

最高のドヤ顔にフォーカスする

グーグルフォトは古い写真を勝手にコラージュしてくれます
ポチ
通知
昨年のあなたは
あ 去年のクリスマスの写真だ
この日の思い出
2015/12/25
わー ヒロ坊小さ…
3枚目どうした
唐突なオム尻

チャレンジ精神

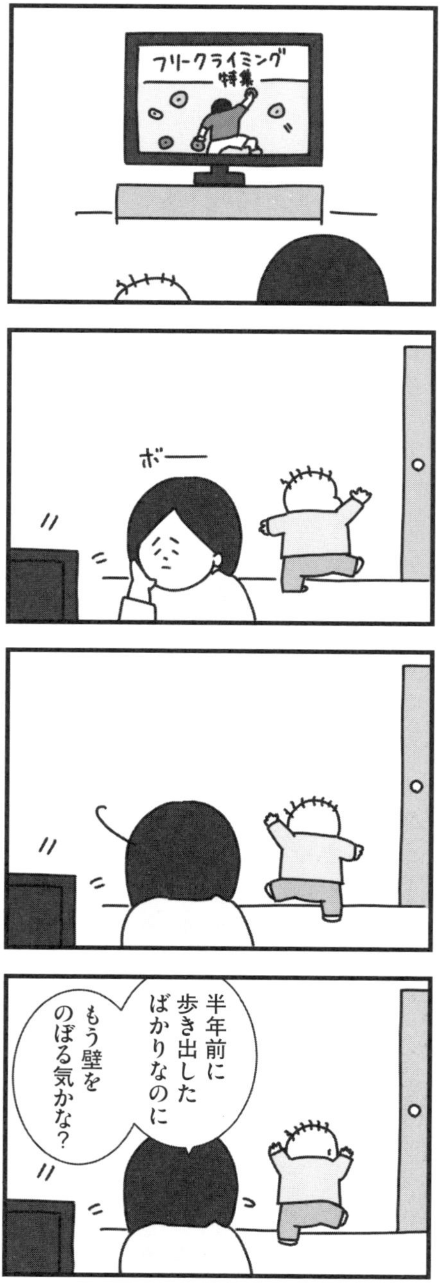

高みを目指す坊

腹筋をしていると横に並んで

頭を抱えながら少し揺れています

何でもマネしたいお年頃

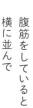

応援要求

低きに流れる坊

《トラップ》

フェ〜〜ン
最近昼寝してもすぐ起きてしまう日があるなぁ
寝足りなくてグズグズするし…
う〜ん
寝室出口に敷布団を置いてみたところ
フラ
フラ
ネムい
ネム
乗り越えかけて
倒れ込み
そのまま二度寝
ぐぅ…
お布団トラップ成功!!

わりと成功率高いです

朝起きたときはサッパリした顔なのに

スパーン!!

昼寝から起きたときはひどく悲しげな顔で登場しがち

ススス…

見立て遊び

見立て遊びをするようになりました
オーシ!!（帽子）
おもちゃのプラカップ
オイシーネイ
帽子の次はコップかな?
おいしそうだねぇ
お母さんも飲みたいな
ええで
バチコーン
オイシーネイ!!

幼児は常にフルパワー

長いこと単語の最後の1文字だけ発音していたけれど

ス!!
バス
ギ!!
ウサギ
ゴ!!
リンゴ
=RIGHT(文字列,1)

最近はおしりから3文字くらいは言えるようになりました

ランボー!!
ランボー
怒りのサクランボ

バイバイ

律儀

Eテレ目当てで日本の番組が見られるチャンネルも契約しているのですが…

権利の関係でスポーツニュースが静止画になりがち

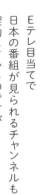

一抜け

あれー?
ヒロ坊どこだー?
キャー
キャー
いたー!!
キャー!!!
ヒロ坊どこだー?
キャー!!
キャー
いたー!!
キャアアア!! ヒィーッ!!
わさわさ
ヒロ坊どこどこー?
キャー
い…
終わるとき一声かけてくれませんか
一抜けされるの悲しい

自分が茶番につきあったみたいな顔して

帽子嫌い克服大作戦

その1・絵本で啓発
お外に行くときは帽子をかぶるよ
オーシ！（帽子）
その2・褒め殺し
まんざらでもない顔
すごい似合うやん!!
かっこいいい!!
鏡
オレは帽子が似合う男…
それはもう十分分かった
しかし実際お外でかぶるかどうかは
別問題や!!
スパーン!!!

その強い意志に脱帽です

地道な慣らし訓練をしたところ

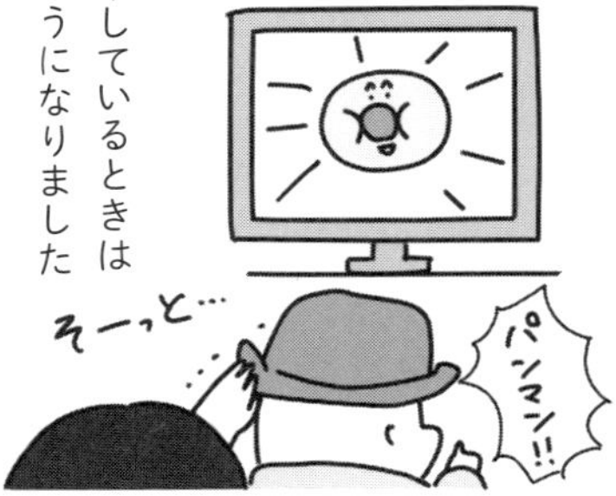
そーっと…
パンマン!!

他事に集中しているときはかぶれるようになりました

暇なときは帽子の存在を思い出して投げ捨てられます

あー!!
スパーン

クルクル

アパートのシーリングファンが大変お気に召した坊
クルクル!
今日は涼しいから回さないよー
絶対引き下がらない
クルクル!
クルクル!!
根負けしてしまった…
満足
さむい…
そういえばネットで「テレビをやめさせるには寝顔の紙を貼ると効果あり」って見たなぁ
テレビさんねんねしたよー
軽い気持ちで言ってみました
今日はクルクルねんねしとるよ
ねんね
クルクルが…
ねんね?
じゃあ
仕方ないな
寝てる奴を起こすのはヤボやわ
「寒いからダメ」は納得いかないけどこれはいいの!?
へー!?

「ねんねしてる」便利すぎて多用しています

笑点

オレも
たたむ
ヒロ坊さん
それ畳み終わった
タオル…
できたで
どや
お手伝い
ありがとねぇ
もうやめて
くんさい
こっちも
たたみ直すで
洗濯物畳みが
エンドレスなので
最近は畳んだものを
取られないよう笑点形式です

シーツを洗った日は結構高くなる

ハイハイ時代からコロコロの
お手伝いが大好きですが

油断すると
よくこうなります

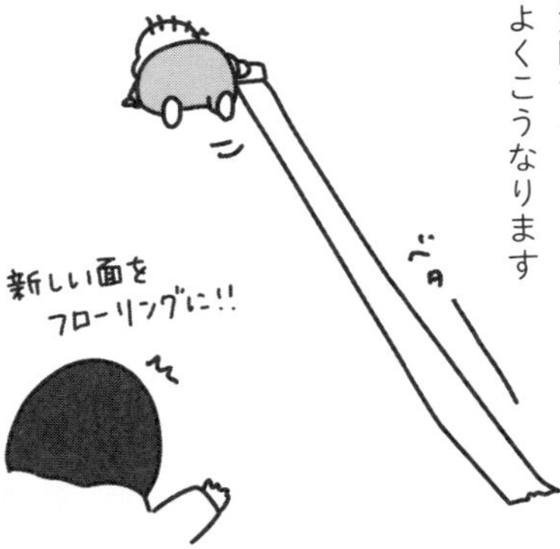
ベロ
新しい面を
フローリングに!!

おてつだいロボ!!
お母さんの仕事を増やせー!!
ラジャー
©ピタゴラスイッチ

幸せ

かぁか!!
どうしたヒロ坊!!
オイシーねぃ!!
おいしいねぇ!!
♪コーロコロコロ
コーロコロのコロンコロン
パチパチパチパチ
照れ照れ

褒めて伸ばされる親

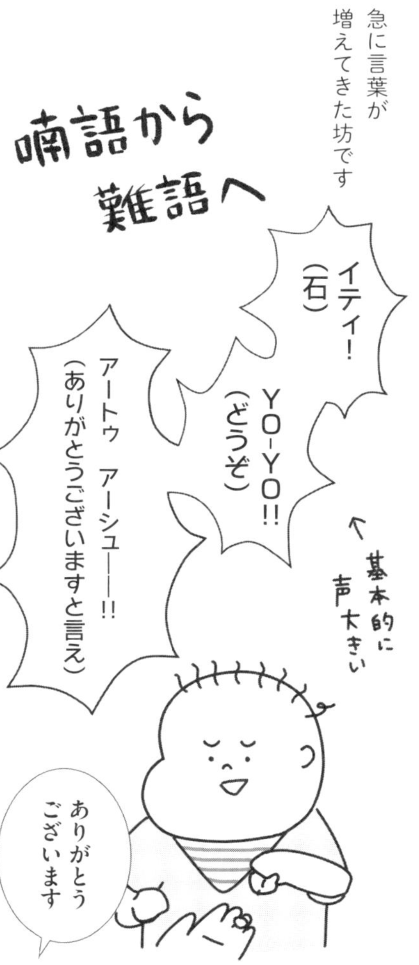
喃語から難語へ
急に言葉が増えてきた坊です
イテイ!
(石)
YO-YO!!
(どうぞ)
アートゥ アーシュ——!!
(ありがとうございますと言え)
↑基本的に声大きい
ありがとうございます

バースデー

2歳のお誕生日
いちごのショートケーキを
見かけないので
原色バタークリームの
カップケーキが多い
日本人経営のケーキ屋さん
で買いました
とっても美味!
ヒロ坊生クリーム
デビュー!
お味は
いかがかな?
あまい…
顔。
カラン

ほうれい線が出ました

ベビーおやつを食べていた頃は
気づかなかったけれど
甘いものが苦手な様子の坊です

クリームついてない
スポンジとイチゴだけ
食べる

ヒロ坊
何歳?
にしゃい
バキューン!

ピースサインはまだできず

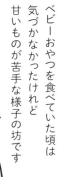

手遊び

いーとーまきまき いーとーまきまき
ブンブン
難しいねぇ こうやって手を クルクルクルー
はい上手!
右手パンチ
左手グルグル
いーとーまきまき いーとーまきまき
攻撃力 上がったね
高速バッテン
いーとーまきまき いーとーまきまき
シュ
シュ
シュ
シュ
どんどん正解から 遠ざかるやん

もはや回転もしてない

親子教室にて
みんなで グーチョキパーの歌を 歌いますよー!

グーチョキパーで なにつくろー

チョキで大幅タイムロスし
全く曲にのれない2歳児たちがかわいい

長い

寝る2歳児はとても長い

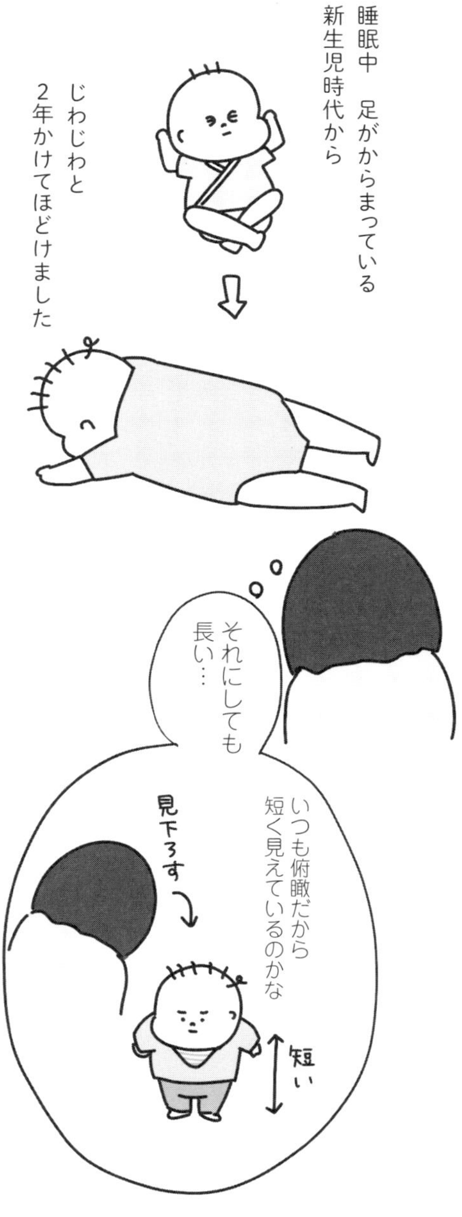

ダッシュ!!

走れるようになって盛大なスライディング土下座を頻発しています

ドドドドドド
ダッシュ!!
転ぶ!?
ダーン
上手に手をついた!!
しかし頭の勢いが止まらない!!
ゴン

腕力が頭の重さに勝てない

ビターン
大丈夫!?
もみ(ゴミ)
転んでもタダでは起きない坊

めり込む

「母の頭に蹴りを入れる」という解せぬ入眠儀式が
最近変化して
ドコドコ ドコドコ
グルグル
グイグイ
「母の下に体をねじ込んで寝る」になりました
やはり解せぬ
ぐぅ
平和になってありがたいけど
なんかこう浜辺の生き物っぽいな
尻から回転しながら砂に隠れる感じ
ぐぅ

重くないのか

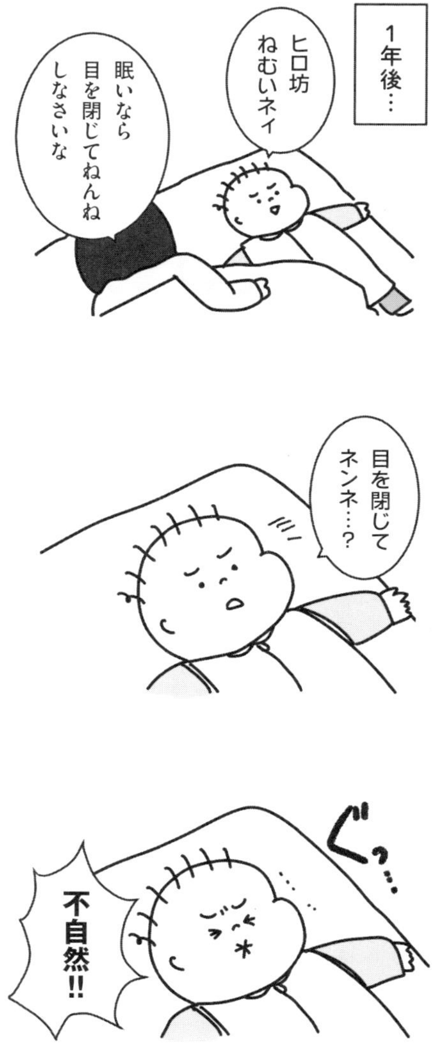
1年後…
ヒロ坊ねむいネィ
眠いなら目を閉じてねんねしなさいな
目を閉じてネンネ…？
ぐっ…
不自然!!

入眠の基本形をご存じなかった様子

風

キャー!!!
ブォー
キャー!!!
ブォー
ヒョコ ヒョコ
冷風
キャー!!!
ブォー
キャー!!!
ブォー
ヒョコ ヒョコ

風に当たると半目になる習性

自分で扇いでいるときも
半目になります

扇ぐというか
顔に当てている
というか…
満足気
ペチペチ
ペチペチ

シャボン玉

お友達のが気になるねぇ
待ってお友達使ってるよ
一旦交換する？
交換してもやっぱり気になるねぇ
何度替えても気になるねぇ

ちびっこの隣の芝生青すぎ問題

シャボン玉についてはどうしても液を自分で持ちたがる問題と

ひっくり返すとこぼれるからね
このまままっすぐね傾けないでね
うんうん

開始5秒でカラになる問題も頻出事項です

フーッ
ですよねー
ザバー

裏声

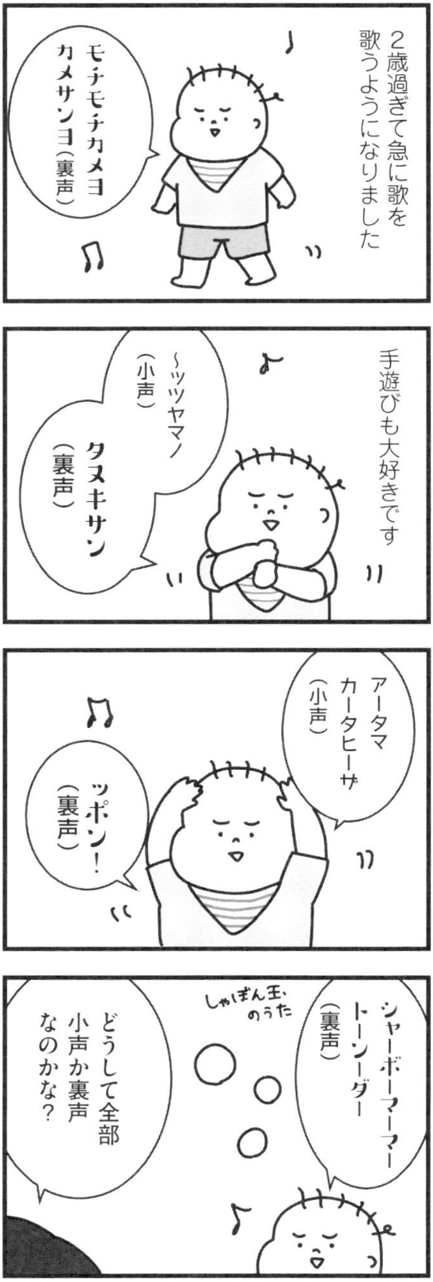

2歳過ぎて急に歌を歌うようになりました
モチモチカメヨ カメサンヨ（裏声）
手遊びも大好きです
～ツツヤマノ（小声）
タヌキサン（裏声）
アータマ カータヒーザ（小声）
ッポン！（裏声）
シャーボーマーマー トーンーダー（裏声）
しゃぼん玉のうた
どうして全部小声か裏声なのかな？

ボイトレ中

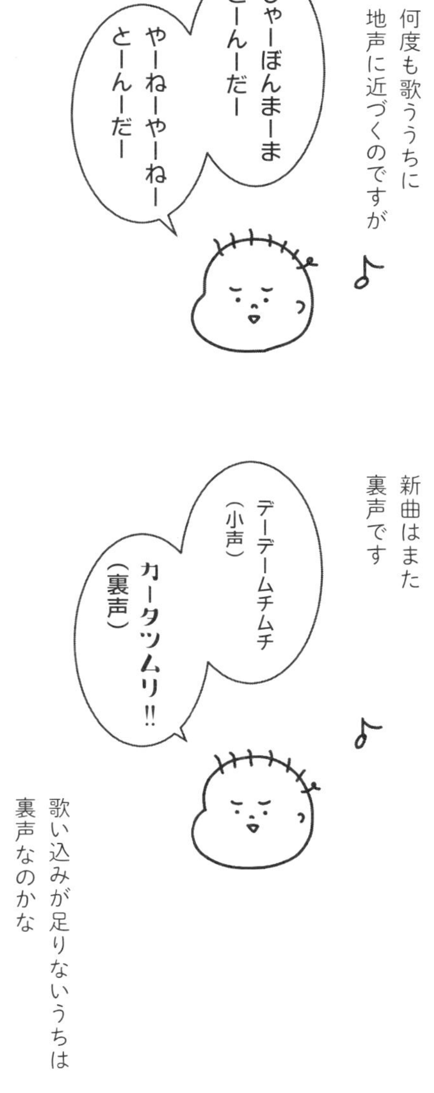

何度も歌ううちに地声に近づくのですが
しゃーぼんまーま とーんーだー
やーねーやーねー とーんーだー
新曲はまた裏声です
デーデームチムチ（小声）
カータツムリ!!（裏声）
歌い込みが足りないうちは裏声なのかな

箱

キャー!!
箱持ってどこ行くの?
タイーコ
太鼓?
アッカイロ(赤色)
ドッリーロ(緑色)
積み木
ドンドコ
ドコドコ
キャー!!
ズンドコドコドコ
ドンドコ
ドコドコ
タイーコ!!
ズンドコドコドコ
ふぅ…
ニッツー!!
引っ越し会社のCMのマネ
箱ひとつで色々遊べるもんだね

楽しそうで何よりです

ギュー

塩対応だったヒロ坊が
1歳半過ぎて急に甘えたになりました
かあか!
うれしい
なんだなんだ
今更
かあか!
かあか!
そして2歳になって
後追いがピークに…
かあか!
イッチャヤッター!
後追いって0歳児の専売じゃないん?
かあか!
テッテ!!
(手をつなげ)
テッテエ!!
すぐ終わるから
待って待って
お母さん
お皿洗わないと
だから
後でたくさん
遊ぼ
かあか
テッテ!
かあか
ダッコ!
かあか
ギューーッ!!
よーしよしよし
ギューッしましょ!!
うれしい

ちなみにヒロ坊のギューは
一日離れて助走をつけて
部屋の端から
え…
ドドドド
ドドド
ドドド
ギュー!!
〜なんで〜こんなに
可愛いのかよ〜
坊という名の宝もの〜
そして
溜まる皿
かあか
ギューーッ!
ギュッ
言えばいいと思って
またまたー
その通りですけどね!
ギューーッ!!
キャーーッ!!
そして
溜まる洗濯物

甘えられることに免疫がないので
このありさま…
加速する汚部屋
キャー
キャー
後追い対策でヒロ坊の好きな歌を
歌いながら家事をしたところ
ギューッ!!
待って
待って
これっくらいの
おべんっとばっこにッ!!
大人しく一人遊びしながら
待っててくれることが判明しました
おっにぎり
おっにぎり
ちょいと
詰ッめてっ!!
ひーらいた
ひーらいた♪
~洗濯中~
あーかい鳥
小鳥♪
~メール中~
それ以来 歌いながら
用事を済ます習慣がついたのですが
将来 思春期の息子に冷たい
反応をされる予感がひしひしとします
おべんっとばっこにッ!!
朝から
うっせえよ
坊15歳

ポイチン

1歳の頃は何度注意しても馬耳東風だった坊
テレビ台には乗らないお約束だよ
分かった?
ハナ
鼻
神妙なお顔で何も聞いてないいな?
ようやく「注意されている」ことに反応を見せるようになりました
悲痛な声で小刻みに「へー」「へー」と言う
へー!!
へー!!
おやっと少しハートに響きだしたか
細かい理屈が通じる年でもないので主に叱るのは①硬いおもちゃを放り投げたときの「ポイだめ」と
ポイだめ!!
ポイしていいのはボールだけだよ
ガチャーン
②危険なときの「イタイイタイするからだめ」
だめ!
ゴチンしてイタイイタイするよ!
この2つを言い続けたところ…
ポイだめ!!
ゴチンするからだめ!!
イタイイタイするよ!

注意されると
こう言うようになりました
ポイ(ゴ)チン
(イ)タイタイ!!
ポイポイ…チンタイタイ…
ポイチンタイタイ…
ほんと…危ないから気をつけてね…
叱るとき真面目な顔を保つのがつらい
でもようやく叱られた理由が分かってきたのかな?
よかったよかった
…と思っていましたが
オベンベ!!(おせんべ)
夕飯前だからだめだよ
ポイポイ…チンタイタイ…
ポイチンタイタイ…
うん別にポイチンタイタイする案件ではないですよ…
まだまだ「だめ」という言葉に反応しているだけの様子です

「はいどうぞ」が乗馬っぽい

第3章 in USA 2歳〜2歳半

週末の人気お出かけスポットは
なんといってもファーム！
オイシーネイ!!
キャー!!
うるさい
オイシーネイ!!
オイシーネイ!!
動物と触れ合ったり
収穫体験をしたりと
ちびっこも終日楽しめます

常設アクティビティに加え
乗馬体験
干し草遊具
アヒルレース
パシャ
←たいてい
顔はめ看板がある

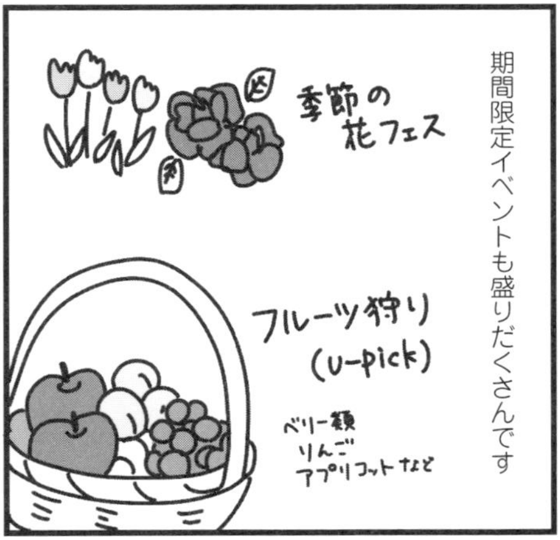
期間限定イベントも盛りだくさんです
季節の花フェス
フルーツ狩り
(U-pick)
ベリー類
りんご
アプリコットなど

秋のイベントといえばパンプキンパッチ
(ハロウィン用カボチャ狩り)と
コーンメイズ(とうもろこし畑の巨大迷路)
MAZE

トウモロコシ迷路！
行きたいな！
広いのかな？
秋のコーンメイズ特集!!
15エーカー…
東京ドームより
広いって
東京ドームは11エーカー
そんなん冬になって
迷路が枯れるまで
脱出不可能やん
S・O・S
トウモロコシをかじって
飢えをしのぎながら
攻略するしかないな
秋晴れの日
行ってきました
農場入り口から迷路までは
トラクターで移動します
ラクター！
ツドリーイロ！
（訳：緑色の
トラクターですね）
ブルン
ブルン
←座席が干し草
迷路入り口で地図をもらえました
遭難は
避けられそう！
大人の背丈より大きい
トウモロコシ畑に大興奮の坊
ヨーヨーシ
オッキーィネ!!
（トウモロコシ
大きいね）
ヨーヨーシ
ネエー!!
キャー!!

そんなに屈まなくても
通れると思うよ
無事にゴール！
地図があっても
なかなかの難度でした
お次は
パンプキンパッチ
広大な
カボチャ畑
手のひらサイズから特大サイズまで
好きなものを選べます
特大！
ちび!!
ヒロ坊
それにするの？
ヴーン!!
モイモイ!!
(重い重い)
モイモーイ!!
頑張ってモイモイしましたが
持てませんでした
帰宅後…
せっせ
せっせ

ジャック・オー・ランタン完成！
カボチャ
オカオ　ねー!!
ちなみに食用カボチャと同じで
切るとすぐ腐るので
オカオ
かびた…！
ハロウィン直前に切って
冷蔵庫保存が基本のようです
そして
ハロウィンといえば仮装！
カボチャ坊
嫌がるかと思ったら
すんなり着てくれました
パシャ
パシャ
パシャ
あらやだカワイイ
ハロウィン当日
バスに乗ったら
ばっちり仮装の人や
お出かけ先で
魔女に変身しそうな
大荷物の人などで
大賑わい

もちろん普通の格好の人もいますが…
よく見たら頭にちっちゃい角ついてる！
思い思いに楽しんでいる様子です
夜になると近所の子どもたちがやって来ました
一軒家の場合 門灯をつけてデコレーションしている家のみ訪問する決まりのようです
たまにすごく気合いの入った飾りの家がある
我が家はアパートなのでドアノブにかけるタグが配られました
ハロウィン受付中のタグ
HAPPY HALLOWEEN
WELCOME!
ちょっと怖い仮装の子もいてびびりがちの坊ですが
Trick or Treat!!
みんな礼儀正しいやさしいお化けさんでした
アリガトー
アリガトー

アメリカこぼれ話
～生木のツリー編～

クリスマス前になると
街中で生木のクリスマスツリーが
売られ始め、大きなツリーを
積んだ車を見かけるようになります。

気に入った木をその場で切って持ち帰る
「クリスマスツリー農場（U‐pick）」もあります。

香りの強いものや枝の茂ったもの、
黒っぽい色や鮮やかな緑…など
もみの木にも色々な品種があるので
好みの種類・サイズの木を選び、
のこぎりでギコギコ。

家に帰ったら、専用スタンドに
立たせて水を入れます。

飾りをつけたら完成！

着替え

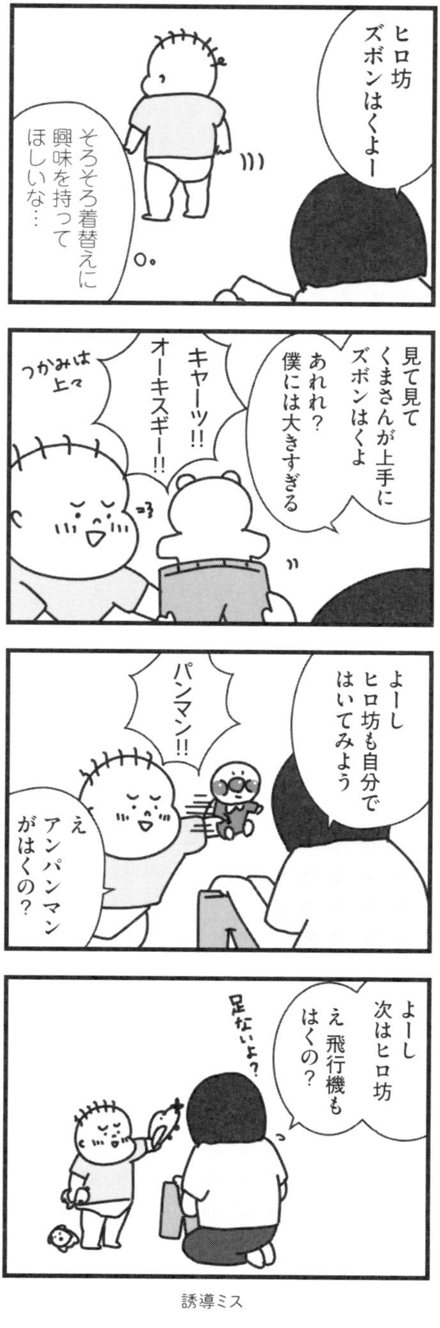
ヒロ坊
ズボンはくよー
そろそろ着替えに
興味を持って
ほしいな…
見て見て
くまさんが上手に
ズボンはくよ
あれれ？
僕には大きすぎる
キャーッ!!
オーキスギー!!
つかみは上々
よーし
ヒロ坊も自分で
はいてみよう
パンマン!!
え
アンパンマン
がはくの？
よーし
次はヒロ坊
え 飛行機も
はくの？
足ないよ？

誘導ミス

着替え前に全部のぬいぐるみに
ズボンをはかせる日課が
できてしまった

キャー!!
オーキィネイ!!
全員はかせないと
納得しない

欲しいけれどこれ以上
面倒見きれない

このぬいぐるみ
かわいい！
ズボン
はくメンバー
これ以上増やす？
買い物中

ニコニコ

クマしゃん ニッコニコ ねー
ヒロ坊もニコニコ やってみてよ
ニッコニコぉ!!
ブブー
ニコニコ上手! もう一回やって!
西川くんが 気絶する ときの顔や…
どや
プププ
ニッコニコぉ!!
悪化した
ブブブー

守りたいこの笑顔

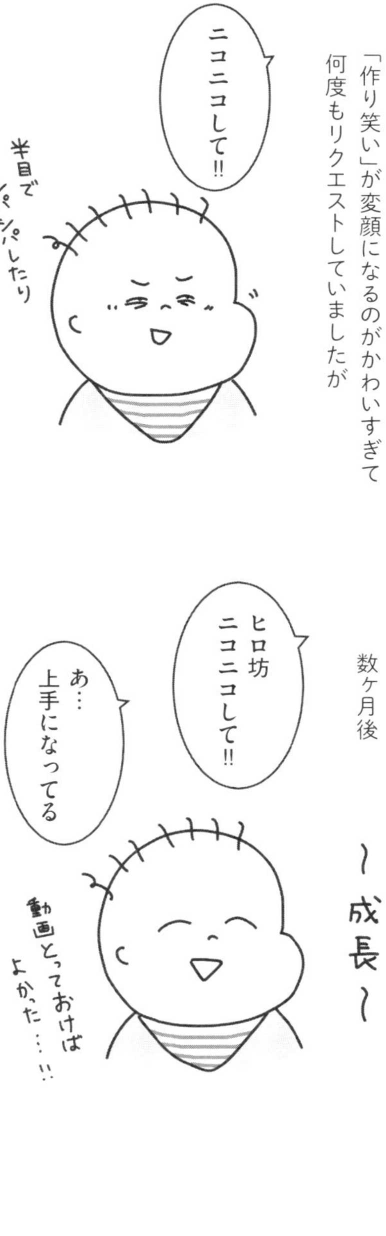

「作り笑い」が変顔になるのがかわいすぎて
何度もリクエストしていましたが
ニコニコして!!
半目でシパシパしたり
数ヶ月後
ヒロ坊 ニコニコして!!
あ… 上手になってる
〜成長〜
動画とっておけば よかった…!!

かくれんぼ

カクレン…ボッ!!
かくれんぼするの？
10数えたら探しにいくよー
キャー
1 2 3
あら戻ってきたの 4 5 6
シーゴーローク!!
隠れてくださいな
7 8 9 10 ヒロ坊見っけ
キャー——!!

かくれんぼとは

次お母さんね どこかな どこかな？
ココにー!! (ここだー!!)
カラッポポッポねー
キャ——ッ!!
ココに——!! (そこだー!!)
ココにッ!!
コロコロ

毎日が賑やかです

おえかき

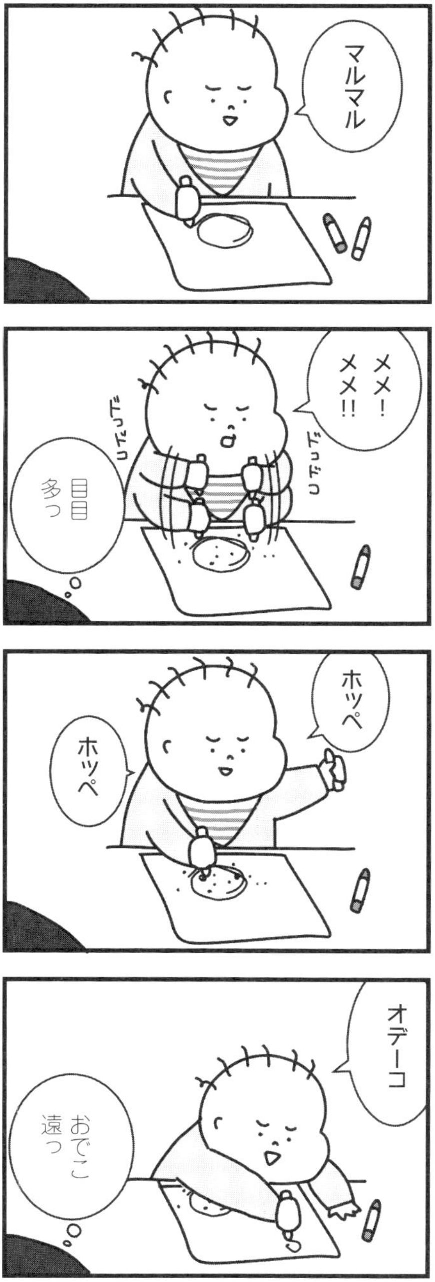
マルマル
メメ！
メメ!!
ドコドコ
ドコドコ
目目多っ
ホッペ
ホッペ
オデーコ
おでこ遠っ

福笑い

集中するほど口が開く傾向があります

おえかき時開口率40％

紙をおさえる気がない左手

新しいおもちゃ時開口率90％

これは…!?
食べそうな勢いやな

ひじまくら

眠るとき ひじを触るのが
好きなヒロ坊の
新しい睡眠スタイルは
ひじまくら
フウー…
寝心地は
とても悪い
コッチモ テテ
(こっちの手も)
改良!
ダブル
ひじまくら
フィットする場所を
探している
フウー…
寝心地は
とても悪い

ヒジ坊

ヨーコー

平日は寝顔しか見られないことも多い夫ですが
大抵うつぶせ寝なので寝顔もあまり見られない
ただいま…
ヒロ坊語のリスニングをすると…
ヨーコー ヨート オグオーグ オーシーネ！
難解
【単語解説】
ヨーコー…ひよこ
ヨート…ヨーグルト
オグオーグ…もぐもぐ
オーシーネ…おいしいね
【現代語訳】
(私のエプロンの)ひよこが(こぼれた)ヨーグルトをもぐもぐおいしいね(と食べているみたいですね)
ほんとや ヒヨコが食べてる みたいやなぁ
アハハ
長文読解力がすごい

ヒロリンガル

週末はごはんを作ってくれます いつもありがとう

お父さんのカレーおいしいね
イェーイ

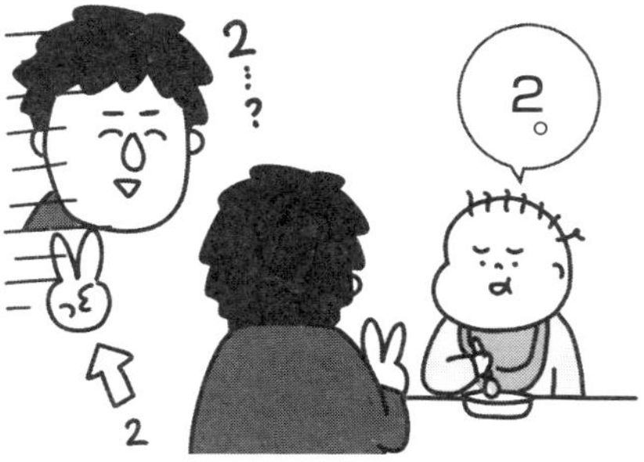

2…？
2。
2

辛口採点されたかと思った

おしめ①

おしめ替えるよ おいでー
昭和
オムツのことをたまにおしめと言っていたら
ヒロ坊も…
オッシーメ
謎のスタッカートが入る
オッシーメ!!
滝修行
これはふんどしやね
オッシーメ!!
プロレス
あなたが思うほど世間の人はおしめしてないですよ

メジャーなアンダーウエアだと思っている節ある

よだれかけのことはスタイと呼ぶ坊

シュタイ
洒落た言い回しを…

よだれかけは英語で「bib（ビブ）」です

ちなみに「よだれ」にも謎のスタッカートが入ります

ヨッダーレ!!

オージュー

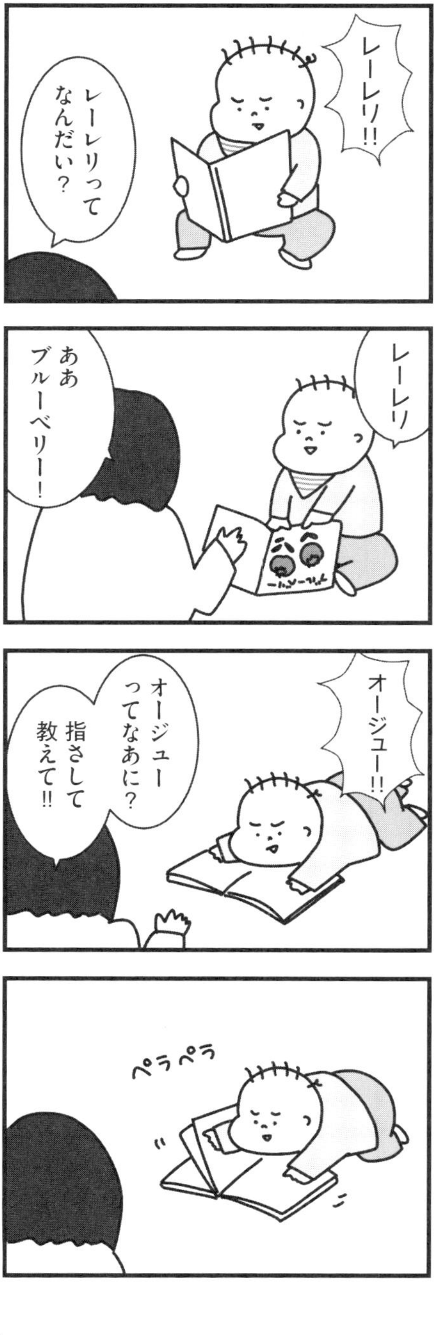
レーレリ!!
レーレリってなんだい?
レーレリ
ああブルーベリー!
オージュー!!
オージューってなあに?
指さして教えて!!
ペラペラ

エビ…?
お母さん「エビさして」じゃなくて「ユビさして」って言ったんよ

結局オージューって何

ぺむしいねぇ
ぺむしい…?

名詞は指さしが使えるけれど
形容詞は推測が難しい

おかあさん①

シマウマのお母さんだねぇ
オカーサン
赤ちゃんと一緒にお散歩してるねぇ
…
あれ？ヒロ坊お母さんって言えるやん
それがなにか？
お父さんお母さんって言ってみて！
オトーサン
オカーサン
ヒロ坊サン!!
どや
自分にも「さん」つけるんね

「かあか」から「おかあさん」になりました

お友達ができました

マメ子チャン！
(仮名)

マメ子チャン！
マメ子チャン！

小さきものはすべて彼にとってマメ子チャンなのだろうか

©動物のお医者さん

おしり

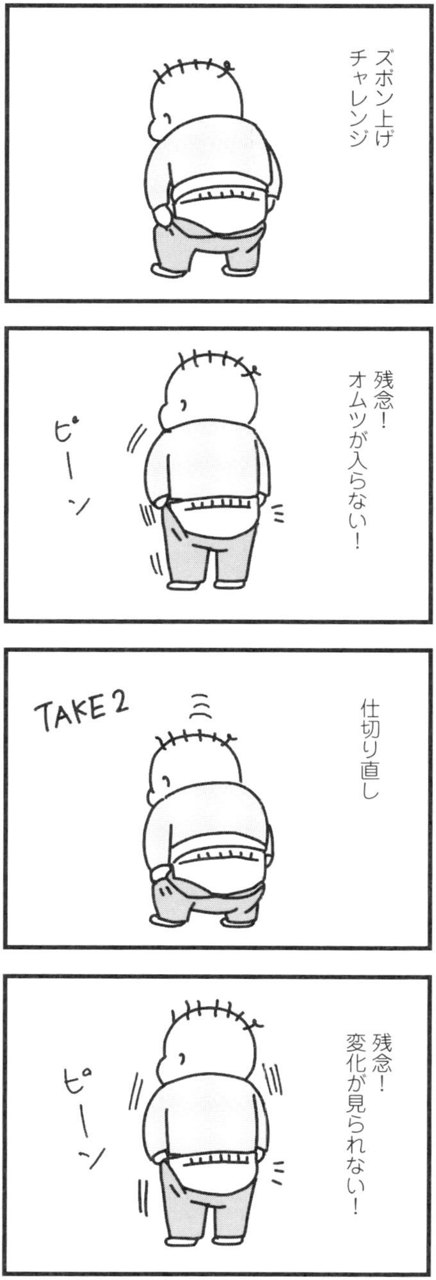
ズボン上げ
チャレンジ
残念！
オムツが入らない！
ピーン
TAKE 2
仕切り直し
残念！
変化が見られない！
ピーン

はみオムスパイラル

アメリカの子ども服は
肩のスナップボタンが
ついていないので

みんな小顔
だからか…？

しょっちゅう
ヨシタケシンスケさんの
絵本みたいになります

坊ぬげない

届かない

ヴーン
セマーイ
セマーイ
「狭い」やなくて
「届かない」やね
どうぞ
トドカナーイ
トドカナーイ
ヒロ坊はひとつ賢くなった!
…かな?
横から取れることにいつ気づくかな…

ちなみに「ナーイ」にアクセントがつきます

レンドん!!
アッソップブー
(遊ぶ)
ねんど
レンドン?
ああ粘土ね
ね・ん・ど
ネンドん!!
粘土
ねんど
ネンドん
アッソップブー!!
なぜ
「ん」がつく

オフパンマン

数ヶ月かけてアンパンマンが言えるようになりました
ア!!
マン!!
パンマン!!
マンマンマン!!
アンパンマン!!
オフパンマン
お麩パンマン？
ボクの顔は車麩さ!!
ああしょくぱんまんね
オフパンマン
食パン
ショクパン
しょくぱんまん
オフパンマン

食パンは言えるのに

おてて洗ってバイキンさんにバイバイしようね
バイキンマンばいばーい
(ド)キンチャンばいばーい
むーおーさん(ジャムおじさん)ばいばーい
チーズばいばーい
おや？今味方陣営も流れていったよ？

マント

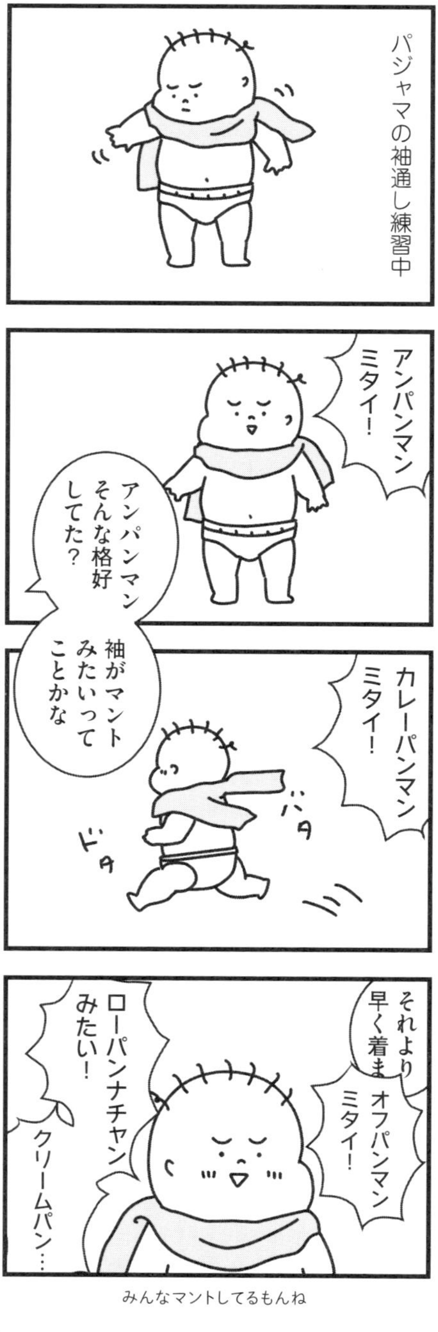
パジャマの袖通し練習中
アンパンマンミタイ!
アンパンマンそんな格好してた?
カレーパンマンミタイ!
袖がマントみたいってことかな
バタ
ドタ
それより早く着ま
オフパンマンミタイ!
ローパンナチャンみたい!
クリームパン…

みんなマントしてるもんね

ちなみに
イントネーションはこうです

アンパンマンみたい

吉本新喜劇の
茂造じいさんと完全一致

許してやったらどうや

地域限定ネタで
すみません

ムシムシ

あ
ムシムシ ネー
虫？
おじゃま してます
大きめの 虫です
ゔわあおおお
ア゛ア゛ア゛ア゛ア゛ア゛
バッ
ズッ
ポーイ
さよならー
ピシャーン
さよなら ムシムシ！
ムシムシ イッチャッタネー
ザンネン ネー
ムシムシ おうちに 帰るんやって
お外で葉っぱ 食べるって
ザンネン ネー
ムシムシ イッチャッタネー
うんごめん お母さんムシムシと ルームシェア できないから…
ムシムシ…
ザンネン ネー
ごめんて

長々と責められました

謎の黒豆推し

果物売り場
リンゴ！ブドウ！イチゴ！
クロマメ!!
これはブルーベリーやね
ヒロ坊
何描いたの？
お顔かな？
クロマメ

お皿に入った黒豆だそうです

ユキダルマデスヨ
(目鼻は)海苔デスヨ
キャラ弁みたいやな

木炭も炭団も縁がない現代っ子

言いまつがい

幼児特有の言い間違いが楽しい時期になってきました
トウモコロシ!
出た! うわさのトウモ殺し
言葉の一部が入れ替わるのは「音位転換」というそうです
オタカヅケ
おかたづけね
バリエーションも豊富でなんともかわいいです
エベレーター!!
エカスレーター!!
ハッケヨーイ…
コノッタ
コノッタ!!

今だけのかわいさ

母音が同じだと入れ替わり易いとのこと

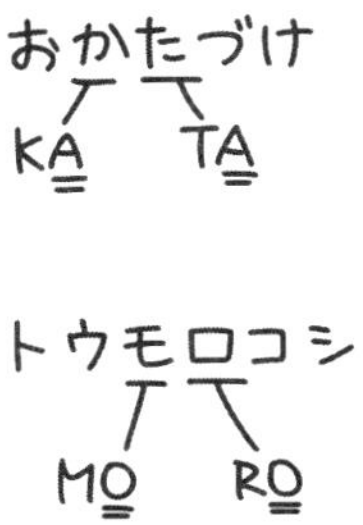
おかたづけ
KA TA
トウモロコシ
MO RO

エカスレーター以外は当てはまる気がします

ヒロ坊は特に「つ」と「く」が99％逆転する傾向です

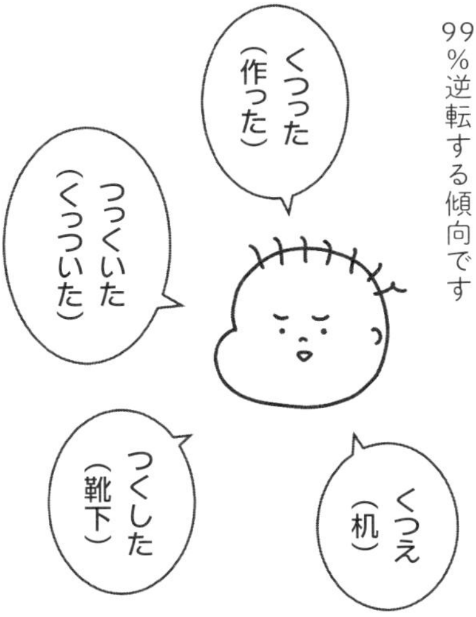
くつった（作った）
つっくいた（くっついた）
つくした（靴下）
くつえ（机）

昼寝

ねーんね
ねーんね
そろそろ寝そうやな
パッ
オハヨウマース
ねーん
ねーんね
今度こそ寝たな
パッ
オハヨウマース
寝てほしいまーす

昼寝しない日も増えてきました

子守歌リクエスト
ネコのうた! ネコネコのうた!
?
ネコネコの歌…?

ネーンネーコー
ネーンネーコー
ゆりかごのうたか
「ねんねこ」は「ねん猫」ではないですよ

ねん猫
ねん猫
ねん猫よ

ステージ

そうやってマイクみたいだね
持つと
マイクみたい!!
おもちゃのトンカチ
マイクうたう!!
おおー!!
パチパチ
かくれんぼの歌歌ってー
モジ
モジ
ヒーヨコ ガネ
オニワテ チヨコチヨコ カックレンボー
声小さっ
ワー!!
パチパチ

「照れ」という感情に成長を感じます

ヨイショと
ミンナー!!
バッ
ブッ
不意打ち

ステージが気に入った様子

キリツムリ

キリンさんのオメメ!
だれがいるかな?
これは目じゃなくて角だねぇ
ツノ?
しかけえほん
キリンさんツノ
ん? もしかして
しかけ
今までキリンをこんな生物だと思っていたのか!?
目→
鼻穴?

カタツムリ寄り

ズボン!
おかしのゴミ

それを言うならリボンかな
ビボン!
照れ

スリーパー

冬のねんね時はこんな服装
ダサさ上等!!
スリーパー
レッグウォーマー
あったかスタイル
今年は寒いので最終兵器を導入してみました
モコ
中綿入り!
ダウンスリーパー
モコ
どどん
歩く銅鐸やん…
そして数歩目で…
びたん
もう少し背が伸びるまでお蔵入りにしようかと思ったけれど
アッタカイねい
転ばないように上手に裾を持ち上げて歩いています

学芸会で銅鐸の役ができるくらい銅鐸でした

すべり台

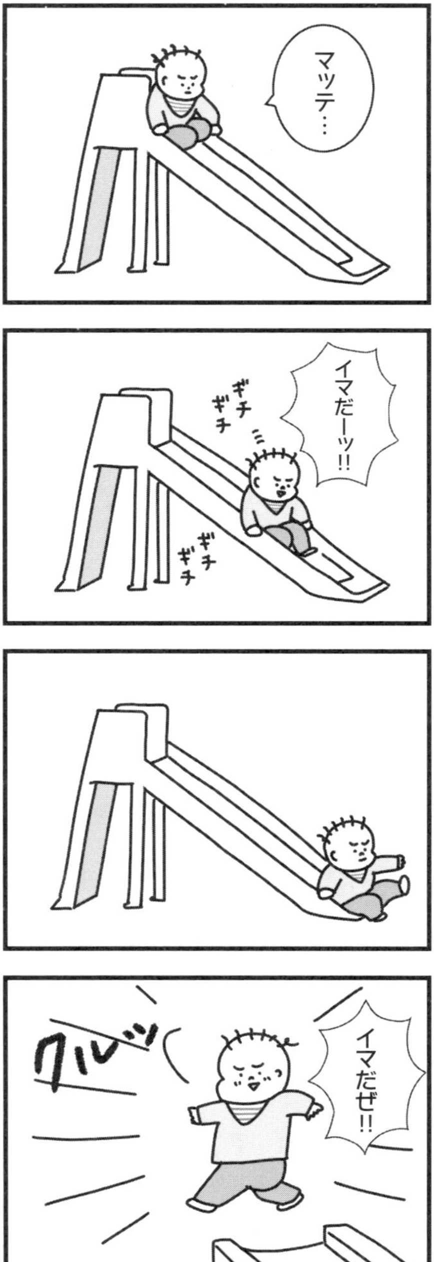

カッコイイんだぜ

ジャングルジムに挑戦!

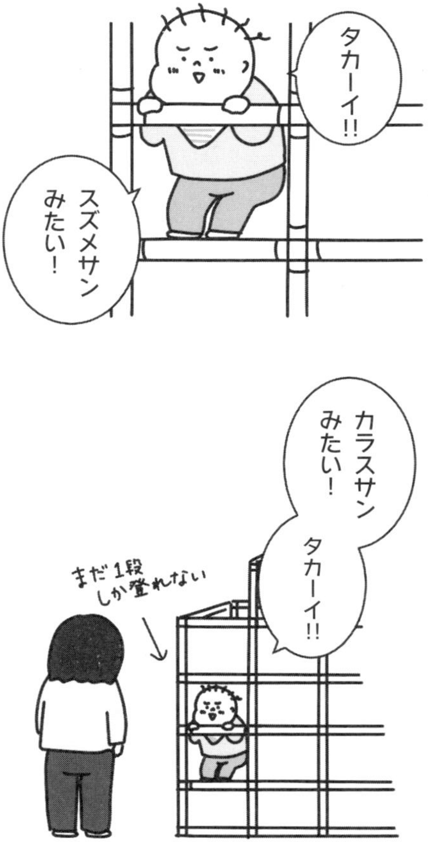

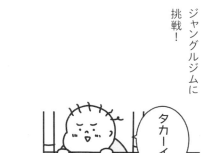

よだれかけ

よだれかけが黄ばんできたから新しく4枚セットを買ったけど
そろそろ2歳だし4枚は多すぎたかな
数ヶ月後
ノンストップよだれ
4枚とも黄色くなってしまった!!
追加で5枚セット注文したけどさすがに多すぎかな…
PC
もう2歳だしよだれ止まるよね…
数ヶ月後
エンドレスよだれ
5枚とも黄色くなってしまった!!

3歳になるまで続きました

黄ばみには粉せっけんと酸素系漂白剤で煮洗いするとよいそうです

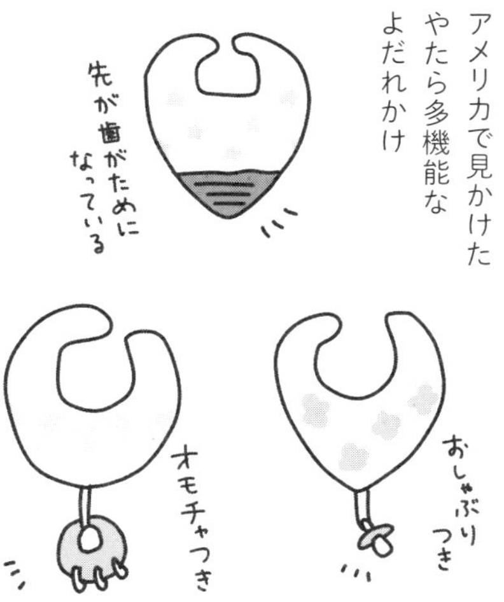
先が歯がためになっている
オモチャつき
おしゃぶりつき

アメリカで見かけたやたら多機能なよだれかけ

帰国

お正月は日本に帰国しました
ノリマキ!!
日本食!!
夫実家
ヒロ坊や
ヒロ坊や
私実家
ヒロ坊や
ヒロ坊や
カワイイ ヒロ坊チャンデスヨー
私が坊です
短い間に自己評価をグッと上げてきたね

自尊心が高まって何よりです

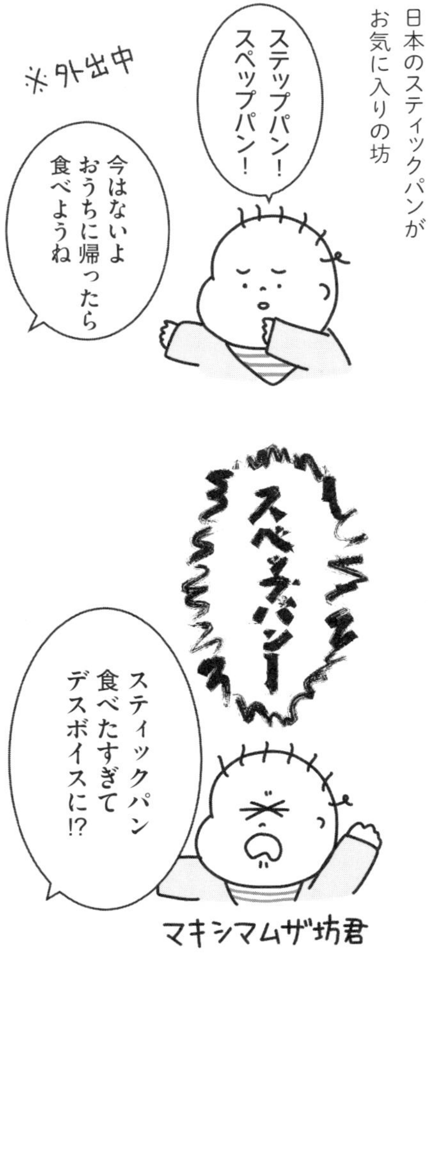
日本のスティックパンがお気に入りの坊
※外出中
ステップパン! スペップパン!
今はないよ おうちに帰ったら食べようね
スベヂバンー
スティックパン食べたすぎてデスボイスに!?
マキシマムザ坊君

垣間見

直視できないシャイボーイ

指の隙間から見るのは片手バージョンもあります

英語

あーあ
アメリカに住んで
アメリカの食品食べて
アメリカの空気吸ったら
ダラダラ
自動的に英語が話せるようにならないかなー
couch potato
なりませんでした
先輩方の話を聞くと
プラスチックプリーズだけ言えれば暮らせるらしいで
スーパーの袋詰めで
Paper(紙袋)か
Plastic(ビニール袋)か聞かれる
うそやん
引っ越し前は半信半疑でしたが実際に生活してみると
おかいものよ
Paper or plastic?
プラスチックプリーズ
Paper or plastic?
プラスチックプリーズ
Plastic OK?
OK

プラスチックプリーズしか発しないまま半年経ってしまった
2歳児とスーパーと公園をめぐる日常は英語を使わないまま過ぎます
よく考えたら日本でも育児中は他人と日本語話す機会少なかった…
インプットもアウトプットも全然足りてないなぁ
覚
覚
単語を1つ覚えたら1つ忘れていく気がする
忘
忘
単語帳
ヒロ坊語のヒアリング能力ばかり上昇する日々
アチューシー！アチューシー!!
矢印ね
まいっかどうせあと少しで帰国だし
あきらめっ
My idol
I'm idle
くつろいでるところ悪いけど滞在期間1年延長になった
Oh Really？
延長戦確定——!!

親子教室

日系のスーパーやレストランに置いてある日本語フリーペーパーは
イベント情報やレストラン・求人などご当地情報が充実しています
Free
今月はラーメン特集!
人気店一挙紹介!
毎日公園巡りも飽きたなぁ…
お 日本語の親子教室!
行ってみよう!
Free
週に一度 未就学児向けの親子教室に通い始めました
手遊びや絵本・工作などの楽しい集まりです
最初はカブトムシのようにくっついて離れなかったヒロ坊ですが
だんだん積極的に参加できるようになりました
コンニチハ
裏声
パペットが登場するたび大興奮の坊
キャー!!
マタネ
裏声
パペットが去るたび悲しくなる坊
チーン

はじめに一人ずつ名前を呼ばれて
お返事するコーナーがあるのですが
マメ村
ヒロ坊くーん
最初の頃は緊張して
ウンともスンともお返事できず
・・・
でも何度か通ううちに…
マメ村
ヒロ坊くーん
真横に挙手
・・・
スッ…
少し挙がった！
自転車の手信号
みたいやな
だんだん上まで
手を挙げられるように！
スッ…
しかし他の子が呼ばれたときも
全部挙手してしまうので惜しい！
○○ちゃーん
ハーイ!!
お呼びでない坊
・・・
スッ…
最後にはちゃんと自分の番だけ
上手にお返事できるようになりました
マメ村
ヒロ坊くーん
ハーイ!!
成長したねぇ

公園で出会うママさん
在米歴が長いほど化粧うすい説

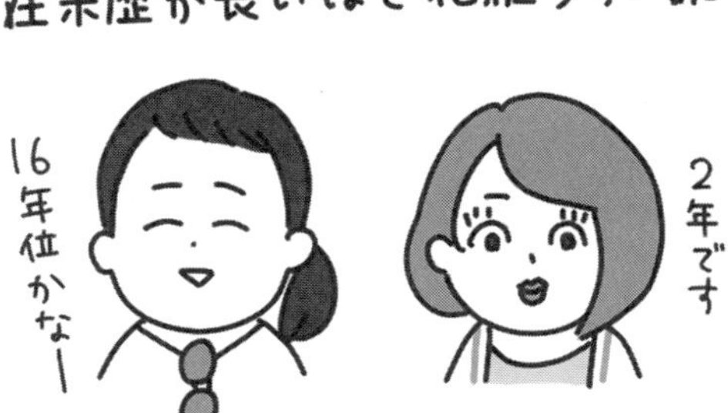

16年位かなー
2年です

第4章 in USA 2歳半〜3歳

もうすぐ3歳

なぜヒロ坊は しかめっ面なのか と聞かれるのですが
昨日同様のグズグズ
今期最大のグズグズ
今日もグズグズ
今日もグズグズ
ここ数日で最高のグズグズ
それは 育児漫画を描き始めた頃のヒロ坊が 不機嫌ベビーだったからで
2歳から漫画を描き始めたなら 眉毛の向きが逆だったかもしれません
誰やねん
ちなみに1歳半で 歩けるようになってから ご機嫌になった気がします
ある日 児童館に 遊びに行くと…
さっきから あそこの赤ちゃん 30分くらい泣いてないよ
信じられん
ほんとや
私も最近 知ったんやけどね…
フフフ…

どうやら0歳児の中にはお腹が空いていなくてオムツが濡れてなかったら泣かない子もいるらしい!!
衝撃の事実!!
寝る前や寝起きに泣かない子さえいるらしい!!
な…なんだって——!!
しかし周囲に話を聞くと不機嫌ベビーも別に珍しい存在ではなく…
うちも0歳のうちはずっと泣いてて下におろせなかったわー
むしろ抱っこしてもずっと泣いてたよね
あるある抱っこしてもしてなくても終日泣くっていう
一人目はどうしても不慣れだったり手をかけすぎたりするからかなと思っていました。が！
ワッショイワッショイ
うちは一人目がゴキゲンな赤ちゃんだったけど
二人目がびっっっくりするほどずっと泣いてる赤ちゃんで
二人目がたいへんなパターンもあるんだなって
おまけに上の子のイヤイヤ期が重なって…すごくて…
もうね…
おつかれさまでした…

三人以上産んだママさんたちが口をそろえて言うのはこの言葉
育児は育て方じゃなくて個体差!!
一人二人のうちは理由を考えて悩むけれど
寝ないのはなぜ…?
食べないのはごはんがおいしくないから…?
かんしゃくを起こすのは構ってあげられなかったから…?
モンモン
三人となると
全ては個体差やな
プロファイリング不可
食べない
よく寝る
おっとり
甘えん坊
食べない
あまり寝ない
歩き出し早い
几帳面
食べる
よく寝る
イヤイヤ期激しめ
一人遊び上手
…と確信するそうです　なるほどな
個体差といえば幼児期名物「イヤイヤ期」
参考：ツイッター#我が子のイヤイヤ画像
背中で床掃除
「帰るよ」と言うと五体投地
どこでもヤムチャ
イヤイヤ期の程度も完全に個体差ですよね

ちなみに大変な時期は世界共通のようで英語にもこんな言葉があります
Terrible Twos（魔の2歳児!）
Horrible Threes（恐ろしい3歳児!）
Wonderful Fours（素晴らしい4歳児!）
2歳はNoNo期
No!!
No!!
子どもを産むまではそんな時期に必要なのは
愛しさと 厳しさと 心強さと
「たっぷりの愛情と ダメなときはダメと厳しく叱ること」くらいの認識でいたのですが
実際この時期に必要だったのは
ズッボンッ♪ ズッボンッ♪
ズボン はかないモン!
そんな… ズボンさん 悲しい…
かべ
ズボンさん 行っちゃったよ
カナシイヨウ
裏声
道化と 三文芝居と それをする 心の余裕です
「ズボンさーん」って 呼んであげよう!
せーの!
ズーボーン さーん!!
チラッ
キャー ッ

こんなん下の子がいて
細切れ睡眠だったりしたら
絶対やってられんな…
はかないモン!!
毎回毎回
ドッカン
いいかげんに しなさい!
わー! 上手ー!!
うまく はけなかった
またか…
余裕のある日も
余裕のない日も
もう時間ないから 力尽くだ!!
ギャーン
毎日毎日どうにかこうにか
やっていくうちに
オフロ 行かないモン!!
ぐずるとき 顔のパーツが 中央によりすぎ
プププ
あっという間に
もうすぐ3歳
毎週通った 親子教室も 最終回か…
ちょっと 寂しいねぇ
9月からは幼稚園です。
次はどんな
想定外が待ち受けているのか…
オセワに ナリマシタ
深々
ごあいさつ 上手やね!?

アメリカこぼれ話
～外食編～

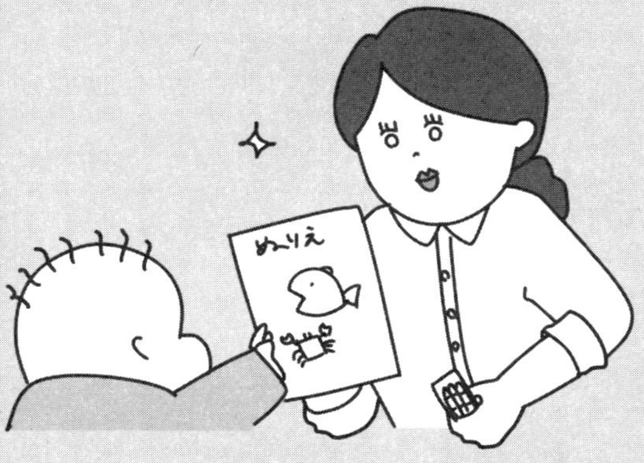
ぬりえ

アメリカのレストランは
ほぼ必ず子ども用の椅子があります。

裏が塗り絵や迷路になっている
キッズメニュー表とクレヨンをもらえる
お店も多く、ファミレス並みの
サービスで本当にありがたいです。

しかしキッズメニューに
健康とか栄養バランスとかを期待すると…

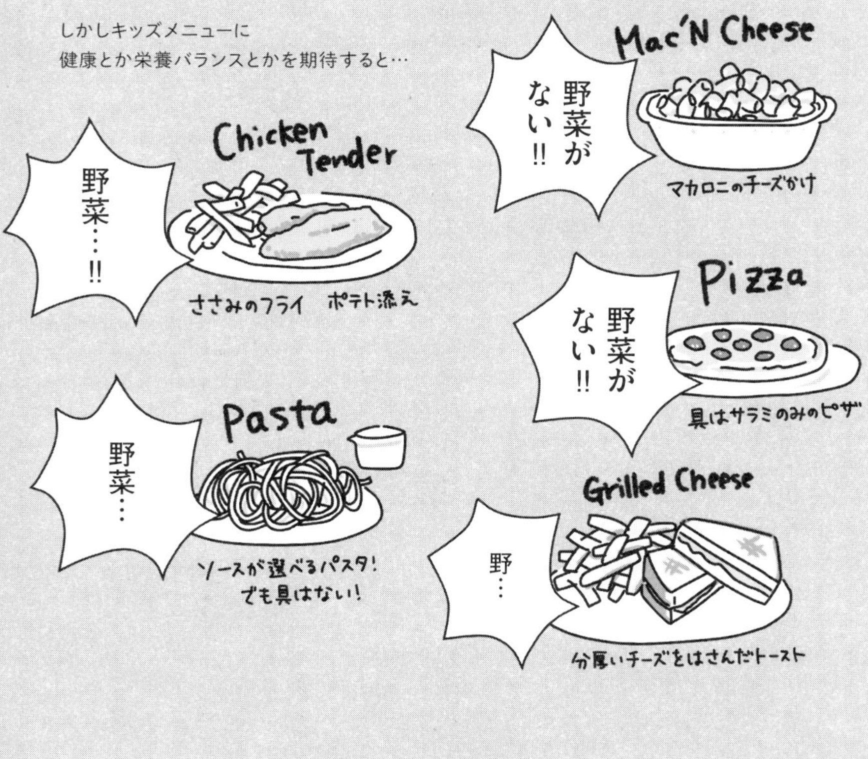
Chicken Tender
野菜…!!
ささみのフライ　ポテト添え
Mac'N Cheese
野菜がない!!
マカロニのチーズかけ
Pizza
野菜がない!!
具はサラミのみのピザ
Pasta
野菜…
ソースが選べるパスタ!
でも具はない!
Grilled Cheese
野…
分厚いチーズをはさんだトースト

探し物

アレレー？オカシイナー
パポカーがナイヨー
パトカーならあそこに落ちてるよ
?
ドコカナ
まっすぐ進んで…そうその帽子の横
??
そこ！目の前！パトカーそこにあるやん!!
なぜ気づかない!!そのまままっすぐこっちに少し歩いて
???
なぜ気づかない!!

灯台下暗すぎ

探し物をするときのセリフが毎回某名探偵ばりに棒読み

体は子ども！
頭脳も子ども！
迷探偵ヒロ坊

アレレー？オカシイナー

そしてろくに探さずすぐに諦めます

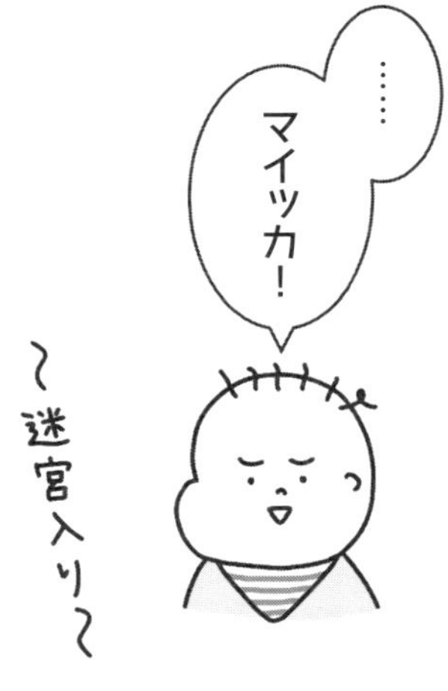
……
マイッカ！
～迷宮入り～

のりまき

厚紙でのりまき工作
卵ときゅうりと
カニカマのせて
上手に巻けるかな?
カンピョウがナイ…!!

のりまき好きの厳しいご指摘

数ケ月前に行ったお寿司屋さんの前を通ったら…

ノリマキ!
ノリマキ!!
店構え覚えてたの!?
UMA
SUSHI
一歩も動かない構え

クシャマ

オカアサンのカタのところ
クシャマいた
肩のところにいるクシャマ(?)
オカアサンのカタに
カタのとこクシャマいる
肩に…クシャマ?
?
ピコーン
オカアサンカタクシャマエルの!!
「クシャマエル」=「つかまえる」
ストン
肩につかまって降りたかったんやね

なにか視えてるかと思った

ちょっと高いから(お母さんの)肩につかまって登る?

肩につかまって…
待って一気に難易度が上がった

言葉を略したお母さんが悪かった

坊流クッキング

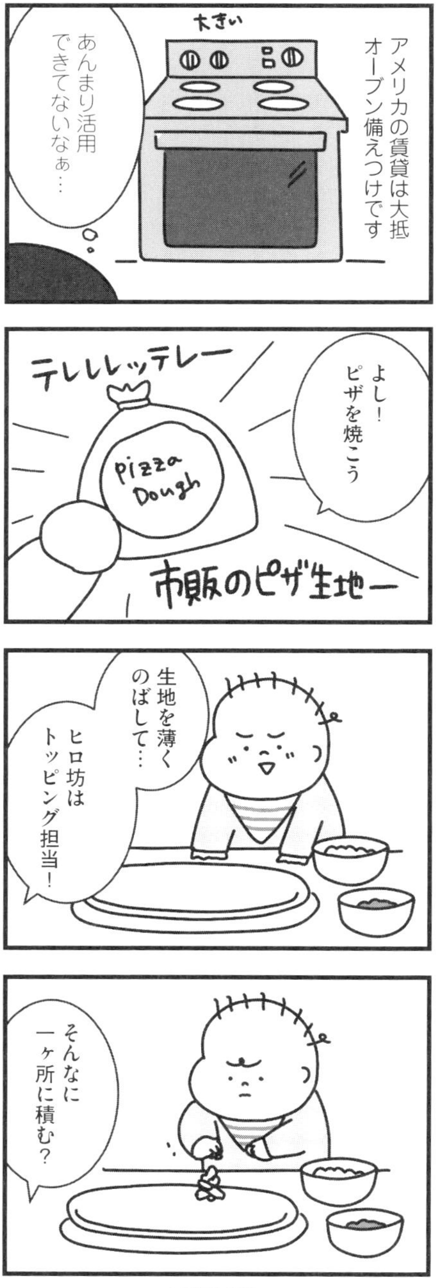
アメリカの賃貸は大抵オーブン備えつけです
大きい
あんまり活用できてないなぁ…
よし!ピザを焼こう
テレレレッテレー
pizza Dough
市販のピザ生地ー
生地を薄くのばして…
ヒロ坊はトッピング担当!
そんなに一ヶ所に積む?

ピザの斜塔

なにかと一ヶ所に積みがちな坊
バレンタインチョコトッピング
ふとまきの具

イイニオイ!
オナカベッコベコ!!
ベッコベコ?
だいぶ不穏な音やね

雪遊び

雪山に遊びに行きました
モコモコ坊
いつもは嫌がる手袋をすんなりはめたけれど…
オペを始めますみたいなポーズで固まってるねぇ

扱いに困ってじっと見つめていました

寝る前に今日の出来事を思い出して話すようになりました

オトウサン
オカアサン
ヒロ坊チャン
3人デ
公園
イッタネエ
三輪車
ノッタネエ

記憶に残っているとあちこち行った甲斐があって嬉しいものですね

三輪車
ペダルを
コギコギー
コギコギー
シタネエ
…それは昨日の話やね

今日の雪山の記憶はどこに消えた

おかあさん②

オカーサン!!
なあに?
ナーアニ!!
オカーサンッテ
イイニオイー!!
洗濯シテイタ
においでショー!
シャボンママーの
においでショー!!
(裏声)
歌か・・・

特に用はなかった

オカーサン
見テ!
オカーサン
ここ座ッテ!
オカーサン
オカーサン!
オカーサン!!
0歳時の塩対応は
なんだったのか

ツカレタ

カイダン!!
えー
階段で上がるの？
2F
オカアサン
抱っこシマショウ!!
やっぱり…
抱っこ
シマショウ!!
抱っこ
シマショウネ!!
やるしかない！
うおおおお
おおおおお
タダイマー
アーア
ツカレタ
ツカレタ

お前が言うな大賞

カタコトの幼児がたまに大人びた言い回しをするの　かわいいですよね

サテサテ
さてさて？

一番好きなのは狭いところを通るときの

チヨト
失礼シマース

おしめ②

パンパンだからおしめ替えますよ
マタオシメ!
ぬれても気にならない人
そろそろ…
マ〜〜〜〜タオシメ!!
心底あきれた顔をされるのはこちらも不本意である

あなたがトイレ行ってくれりゃ済むのよ

アメリカのパンパースは香りつき

すれちがうたびフワッと
キュン…
さりげなく香るおしり

正直オムツにいい香りは全く求めてないです

寝起きモーション変化

0歳の頃は毎朝　起床時
大号泣でしたが
眠…
少しずつ泣かずに
起きられるようになりました
おあよ
(おはよ)
そして目を
こじ開けてくる
グイッ
最近は先に起きておりこうに
窓の外を眺めていたり
ア！
オハヨー
ゴザイマス！
さわやか
新入社員風
小声でささやきながら
近寄ってきたりします
オハヨー
ゴザイマス
オハヨー
ゴザイマス
寝起き
ドッキリ風

寝起きほっこり

surf!!
オハヨー
ゴザイマス
朝からサーフィンは
やめていただきたい

長靴チャレンジ

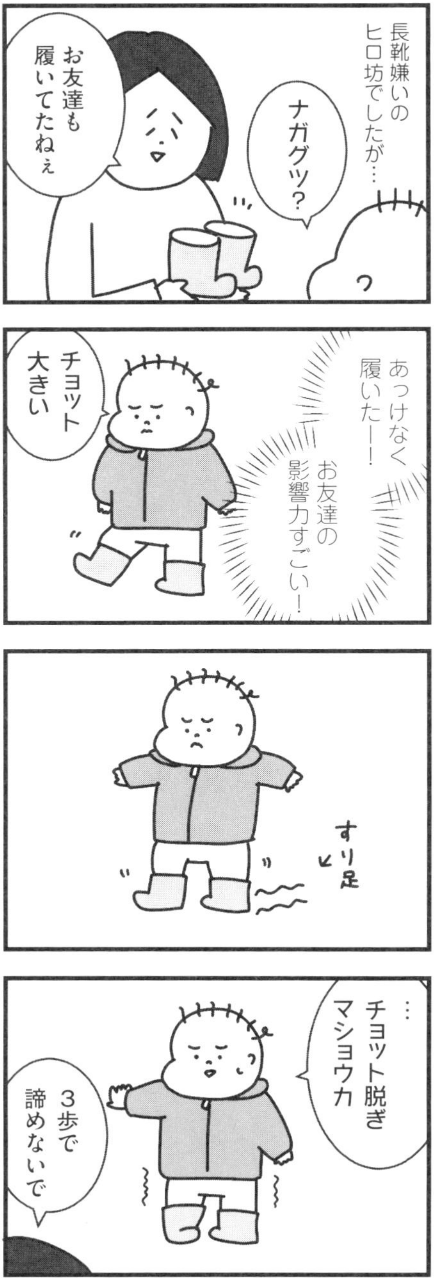
長靴嫌いのヒロ坊でしたが…
ナガグツ?
お友達も履いてたねぇ
あっけなく履いたー!
お友達の影響力すごい!
チョット大きい
すり足
…チョット脱ぎマショウカ
3歩で諦めないで

その後すぐ慣れて走り回っていました

ヒロ坊の傘ジェスチャー

ヒロ坊傘さすヨ!
傘のマネらしい

雨降ってきた!ダッシュで帰ろう
ヒロ坊傘さすネ!

役立たずかわいい

前回り

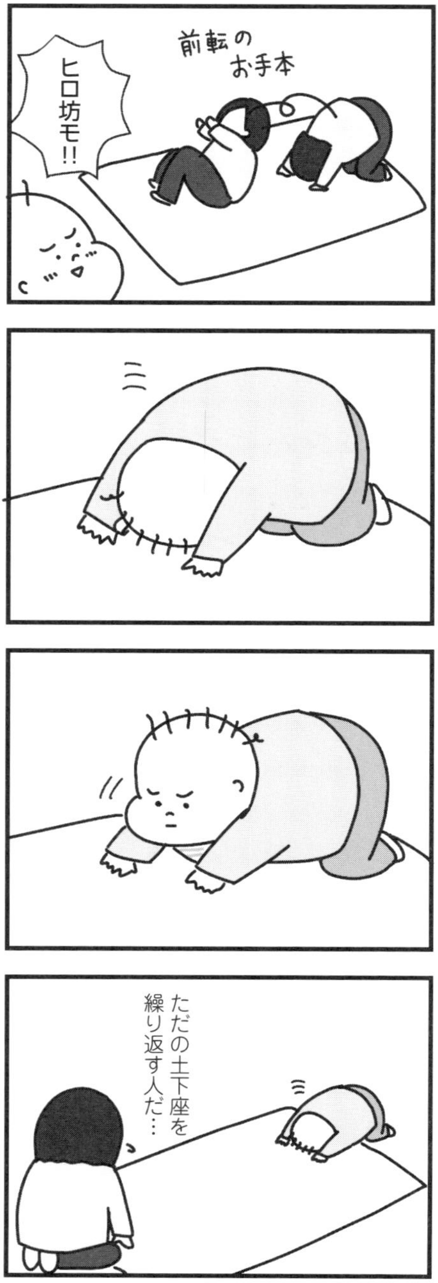

前転の
お手本
ヒロ坊モ!!
ただの土下座を
繰り返す人だ…

丸い背中がかわいい

何度か手を貸したら
できるようになりました

まえまわりん
デキタネ
まわりん…?

ヒロ坊の
一文字多いシリーズ

ポリぶくろう
ふくろう…?
ポリ袋

ノーモーション

プッチプッチ チャップチャップ ランランラン♪
うんこ デタネ
え？ 歩きながら ノーモーションで!?
いつもの モーション
ほんとかな
クンクン
アハハ
オカアサン くんくんシテル
イイニオイ シタ？
くさいにおい した
…
…
ウンコ出る？
ういーんく してたの
ウインク だったの
それは 失礼

かぐんじゃなかった

朝ごはん

そんな顔されましても

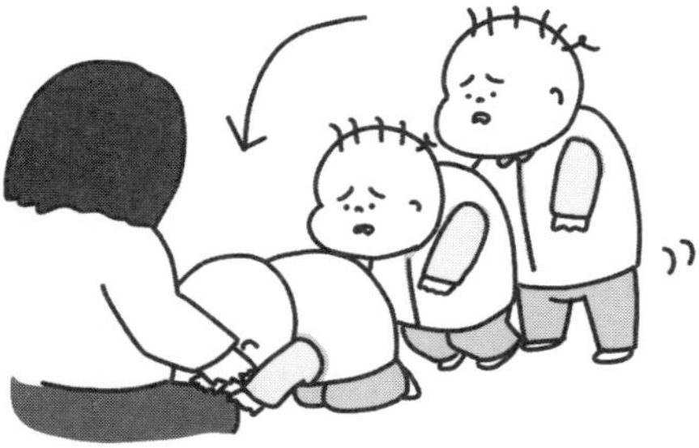

とんちクイズ

ジャーン
トンチボウ かけたよー!!
わー! 上手な
…とんちぼう?
とんち坊
屏風のトラを退治してみせましょう
おだんご?
トンチボウ よ!!
なんだろう トンチ…?
あわてない あわてない ひとやすみ ひとやすみ
メンチボー? トチメンボー?
トンチボウ!!
うーむ
とんちん かんちん
ト音記号のことだと分かるまでしばらくかかりました

そもそもなぜト音記号を書こうと思ったのか

セイセイセイーッ!! ヨウヨウヨウ!!
Say Say Say
Yo! Yo! Yo!

「せっせっせのよいよいよい」のことだと分かるまでしばらくかかりました

動物ものまね

ワンワンダヨ
ワンワン！
トリさんデスヨー
バタバタ！
…
？
何してるのかな？
ミーアキャット
ミーアキャット

細かすぎて伝わらない動物マネ選手権

ヒロワンワンですよー
ヒロワンワンおいで!!
マタ会イマショウネー
バイバイヒロワンワン！

なんだこれ

お片づけ

お片づけしないと おもちゃさん悲しくて おうちに帰っちゃうよ 明日から遊べないよ
オカタヅケ スル!!
…という脅し文句が 効かなくなってきました
パズル オカタヅケ シナイモーン
ダラダラ
まったく…
じゃあ明日から 遊べませんよ
いいですか
聞こえないフリ↓
ここはひとつ 2〜3日隠しておいて…
反省して 片づけをするように なったらまた出そう
こしゃくに なったもんだ…
押し入れ
翌朝
あれれー
キョロキョロ
パズルがナイ…
大変!!
昨日お片づけ しなかったから パズルがおうちに 帰っちゃった!!
お片づけ頑張ったら きっと帰ってくるよ
パズルさん バイバーイ
ワアー!! ヒロ坊じょうずに パズルにバイバイ デキマシタ!!
何でそう あらぬ方向に ポジティブなんだい

過去は振り返らないぜ!

英語で

ねこは英語でキャットだよ
きゃっと!!
ABC
難問
ドンブラコは英語デ?
どんぶらこ?
ももたろう
えーとえーっと
floating downだって
いやオノマトペだとrub a dub dub?
もう聞いてない↓
「コレハあるものをウエから見た影ダ」は英語で?
Eテレ シルエットはかせのセリフ→
わぁどんどん難問を放ってくる

そして答えは聞かずに去っていく

ヒロ坊0歳の思い出
だっだいだい
ばいざうえい
でいでいでいでい
By the way
今バイザウェイって言った?

トイレトレ始めました

動物園
MOVED
狼さん お引っ越しで いないいんだって
オオカミさん おしっこシテル
おしっこ じゃなくて お引っ越し
おしっこ？
おひっこ「し」だよ 「し」
シ？
ピコーン
オオカミさん おしっこ しーしーシテル

分かった！　みたいな顔してました

トイレトレ中　人形やぬいぐるみに応援してもらいたがる坊

しまじろうと がんばる
カバさんと がんばる
フレー!! フレー!!

最近のお気に入りは これです

まめぴかと がんばる
ルック まめピカ トイレクリーナー
目鼻がついていれば 何でもいいのかい？

なかまだね

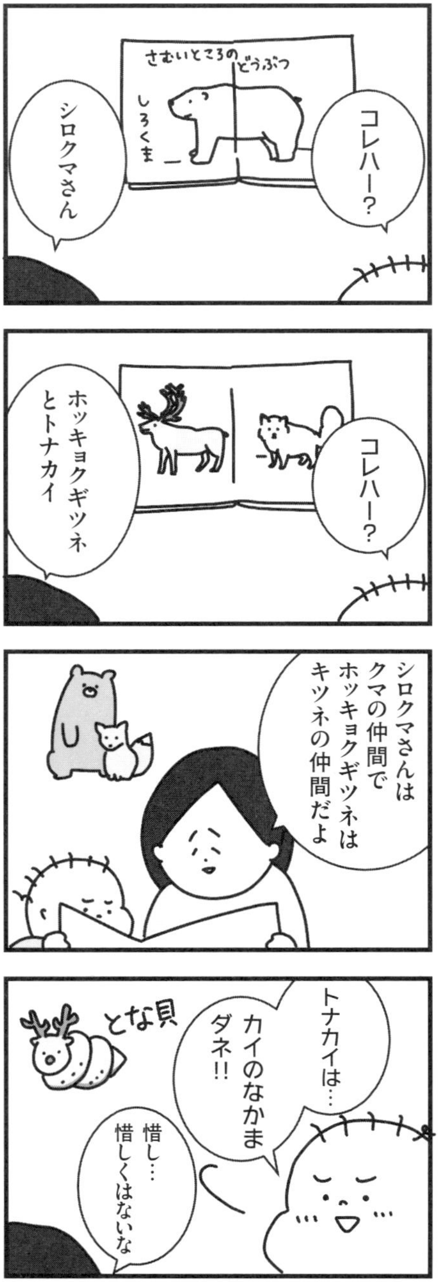
さむいところのどうぶつ
しろくま
コレハー？
シロクマさん
コレハー？
ホッキョクギツネとトナカイ
シロクマさんはクマの仲間でホッキョクギツネはキツネの仲間だよ
トナカイは…カイのなかまダネ!!
とな貝
惜し…惜しくはないな

考え方はあってる

アしゃむじ
これはしゃもじ
しゃもじはしゃむじのなかまダネ!!
キッパリ
しゃむじとは。

カレー①

おなべに
さつまいもト やきいもト きゅうりをイレテ…
いためます ジュージュー
おみずをザバー グツグツグツ
カレーのルー をイレタラ…
ホーラ
カレーライスの デキアガリ!!
(具のチョイスが すごーい!!)
パチパチ

焼き芋とキュウリ…

カレー②

コックさん カレー ツクルヨ
じゃがいもト にんじんト たまねぎト あたまをモッテル
頭?
あたま?
あたま モッテルヨ
…
照れ
おたま ダネ!

自己解決

まつげ

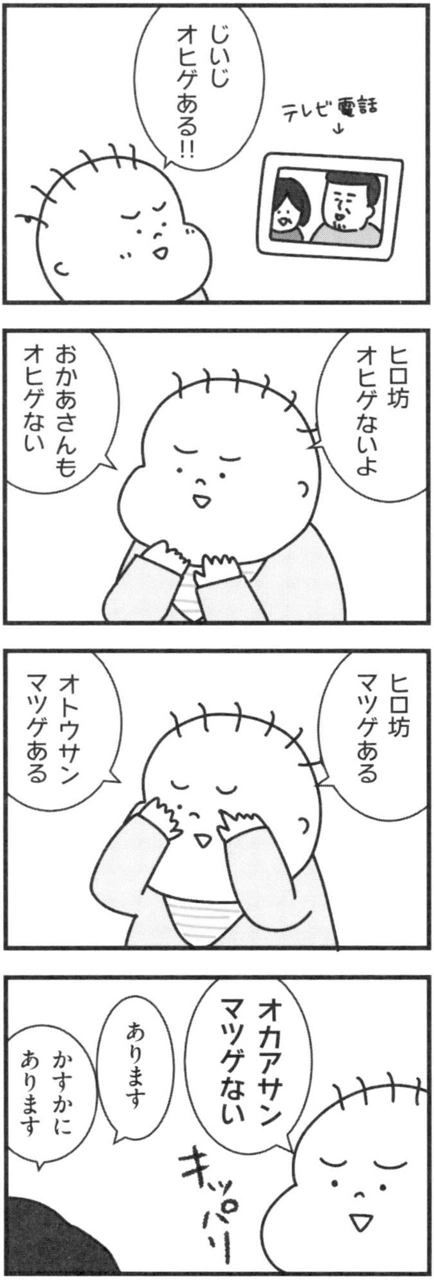
じいじ オヒゲある!!
テレビ電話
ヒロ坊 オヒゲないよ
おかあさんも オヒゲない
ヒロ坊 マツゲある
オトウサン マツゲある
オカアサン マツゲない
あります
かすかに あります
キッパリ

聞き捨てならぬ

人はみんな まつげあるよ
お母さんのは 短くて 見えないかな
じっ…
ミエナイネ
この 正直者め

3歳

気を抜くと小指がピョコンします

ストライダー

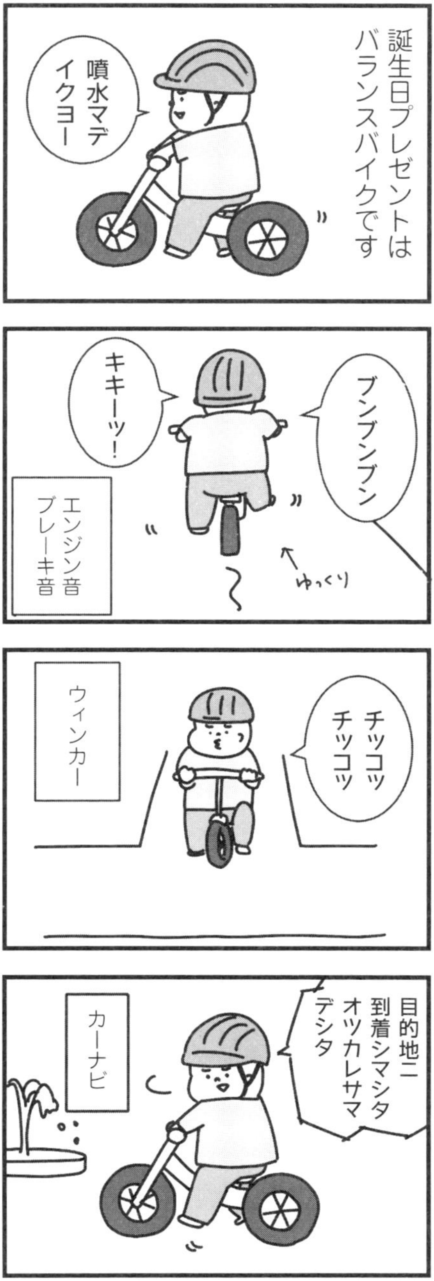

もはや車

おばんざい

久しぶりの日本料理店
この揚出し豆腐おいしい…
そうだ京都に行こう
京都?おばんざいとか?
唐突やな
そうそうおばんざい!
いいよね!ヒロ坊
スッ
おばんざい
スッ
お約束のボケをありがとう

スプーンを置く律儀さ

NHK特集
仏像
コレハー?
ほとけさま

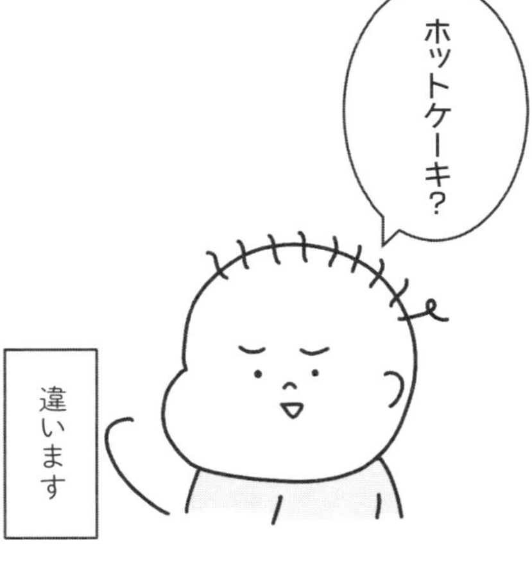
ホットケーキ?
違います

ボケがベタすぎて
漫画にするか迷いました

タイミング

本日のメイン
卵をふわっと炒めて一度取り出し豚肉を炒め色が変わったら合わせ調味料と野菜を入れ卵を戻して
最後は強火で一気に炒め合わせる！
おしっこ
早く急いで…
なぜ体重計に乗る！
13キロデスヨー
かっもっめーのスーイヘーイサン♪
トイレ行く気あるのかー！

フリーダム3歳

イヤイヤ期ならぬモンモン期です
お風呂入らないモンモンモンモンモンモン!!
ものすごく口がとがる
プスプ

ヒロ坊たくさんモンモンしちゃったねえ
反省
ハー
機嫌が直ってからたまに反省しているのかわいい

ストーリータイム

アメリカには残念ながら
児童館のような施設がないのですが
代わりに図書館での
「ストーリータイム」が充実しており
Storytime
Toddler story time
infant Story time
Preschool story time
spanish story
年齢や言語によって
様々なクラスが開かれています
英語の読み聞かせは
ちょっと退屈だった様子
サアーテ
ソロソロ
帰リマショウ
合間の手遊びや体操は
楽しく参加できました
UP UP ♪
down-♪
わちゃわちゃ
わちゃわちゃ
読み聞かせと手遊びの後は
自由におもちゃ遊びタイム！
ザバー

土足の床におもちゃをばらまくのには最初衝撃を受けました
ワイ　ワイ
さすが土足文化…
当然のように小さな赤ちゃんも
Yum-Yum!
おもちゃおいしい
私が必死こいて
あれこれ
煮沸していた時期に
砂ぼこりつきおもちゃを
なめなめしている！
強い…!!
Get Wild!
土足の床をハイハイして育っている赤ちゃんはなんともタフネス
こっちが気にしすぎなのか…？
ちなみにアメリカの本は製本の種類が色々あります
絵本借りて帰ろうか
月齢や赤ちゃんの性格で破れにくい本を選べるのがよいです
ハードカバー
hushi hushi
表紙固く ページは薄い普通の本
ペーパーバック
hushi hushi
表紙もペラペラ とても安い
ボードブックは頑丈なので低月齢向けですが
ボードブック
hushi hushi
ページがすべて厚紙で破れない
凶器にもなるので注意が必要です
おはよう これ読むで
ゴッ

ことば

バブバブ言っていたバブ坊も
すっかりおしゃべり上手になりました
イクラちゃんからタラちゃんへ
トイレ行カナイデスヨー
行キタクナイデスヨー
否定するとき丁寧語になりがち
2歳まではなかなか言葉が出なくて心配したのですが
「お腹が空いた」とか「お茶飲みたい」とか
言葉で伝えられるといいのになぁ
要求があるときとりあえず泣く1歳
今では…
アッタカイのズボンがイイ
裏起毛のにしようか
希望を言葉で伝えられるようになってずいぶん楽になりました
ヒジを「V」ミタイニシテクレル?
ヒジ坊の細かい角度指定
ヒロ坊ネンネするカラネ
オカアサンシズカニネ
こっちの台詞だ
はいよ

ネンネするトキハ
ゼロの声デスヨ
シズカニネ
お馬はミンナ
パッパカ走ル♪
パッパカ走ル♪
静かに
しなさいよ
シズカニ
チイサイ声ヨ
チイサイ声ハ
コレクライ
チイサイヨ
ヒソヒソ
オオキイ声ハ
コレクライ!
静かに
しなさいよ
夜はミンナ
ネンネシテルから
オオキイ声ダト
ビックリシチャウからね
その通り
ワー!
ビックリシタ!!
となるカラネ
実演しなくて
ええから
なんの
かんの
どうの
こうの
寝る1秒前まで
しゃべってたな…
ZZZ…
おはようから
おやすみまで
賑やかなヒロ坊です

あとがき

みなさまのおかげで無事2巻を出すことができました。
ありがとうございます！
想像もしていなかった「すくすくそらまめ書籍化」という事態に
右も左も分からぬまま出版準備に取り掛かり、それが佳境に差し掛かったあたりで
「3ケ月後からアメリカ暮らし」という更なる晴天の霹靂が飛び込んできたのが2年前。
月日が経つのは早いもので、あっという間にヒロ坊も3歳になり
秋から幼稚園に通い始めました。
イヤイヤ期の後に来るという「なぜなぜ期」がやってきて、
終日「なに？」「なんで？」「どうしてよ？」を連呼しています。

そらまめ1巻にはたくさんの感想をいただき、感謝の気持ちでいっぱいです。
「細切れ睡眠でつらいときに笑わせてもらった」という感想を何通もいただいて
本当に描いてよかったと思いました。
将来、大きくなったヒロ坊に「何を勝手に漫画にしとるんや」とブーブー言われたら
それらを見せて「あなたは眠れないお母さんたちに笑顔を届けたんやよ」と
伝えようと思います。
そうは言っても勝手に漫画にしてほんとごめん。
坊がかわいくてさ…みんなに見せたくて…

最後に、前回に引き続きお世話になった編集さん、デザイナーさん、
アメリカ生活で頼りっぱなしの夫、いつも応援してくださる読者さまに
心から感謝を申し上げます。

眉屋まゆこ

子育て メディア紹介

ヒロ坊と生活して感じたこと、
アメリカでの育児のことなどなど…
漫画で、ときに漫画とは違った形でお伝えしている
「すくすくそらまめ」出張版！
本書にて、各メディアの掲載記事を転載、
一部改稿しています。

※サイト名・五十音順

子育てに、笑いと発見を
Conobie

https://conobie.jp/

「子育てに、笑いと発見を」をコンセプトに、
ママ・パパの子育て漫画や体験談、
小説等を通して、多様な家族のスタイルを
発信する子育て情報メディア。

ゼクシィBaby
みんなの体験記

https://zexybaby.zexy.net/taikenki/

リクルートの「ゼクシィBaby」編集部が
運営する、妊娠・出産・育児の体験記サイト。
全国の妊婦さん&ママ・パパによる、
リアルな実話を漫画や体験談で日々更新。

ママの知りたい情報が集まるアンテナ
ママテナ

https://www.mamatenna.jp/

家事や子育て、そして仕事に忙しい女性を
応援するWebマガジン。
暮らしに関する旬の情報を、レビューや
機能比較、グラフなどでわかりやすく発信。

旅行先のホテルが
硬水でした

ヒロ坊の
マイナーチェンジ

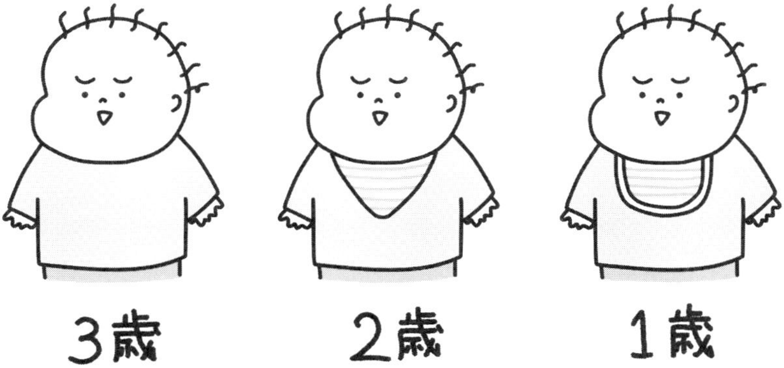

〜実は髪型じゃなくてこんなとこ変えてました〜

SPECIAL THANKS

ヒロ坊と、ヒロ坊を
見守ってくれるみなさんに
感謝を込めて

STAFF

ブックデザイン　木下容美子
校正　麦秋アートセンター
編集　清水路子

すくすくそらまめ2

マイペース幼児《ようじ》とドキドキアメリカ滞在記《たいざいき》

2019年3月28日　初版発行

著者／眉屋《まゆや》 まゆこ

発行者／川金 正法

発行／株式会社KADOKAWA
〒102-8177　東京都千代田区富士見2-13-3
電話 0570-002-301(ナビダイヤル)

印刷所／図書印刷株式会社

KADOKAWAカスタマーサポート
［電話］0570-002-301（土日祝日を除く11時～13時、14時～17時）
［WEB］https://www.kadokawa.co.jp/（「お問い合わせ」へお進みください）
※製造不良品につきましては上記窓口にて承ります。
※記述・収録内容を超えるご質問にはお答えできない場合があります。
※サポートは日本国内に限らせていただきます。

定価はカバーに表示してあります。

ISBN 978-4-04-604131-9　C0095
JASRAC 出 1902347-901